韧商

从"鸡毛换糖"到"吸管大王"

楼仲平 ○ 著

电子工业出版社·
Publishing House of Electronics Industry
北京·BEIJING

未经许可，不得以任何方式复制或抄袭本书之部分或全部内容。

版权所有，侵权必究。

图书在版编目（ＣＩＰ）数据

韧商：从"鸡毛换糖"到"吸管大王" ／ 楼仲平著．

北京 ： 电子工业出版社，2024．8． -- ISBN 978-7-121

-48709-5

Ⅰ．K825.38

中国国家版本馆 CIP 数据核字第 2024DN8245 号

责任编辑：张振宇

印　　刷：天津千鹤文化传播有限公司

装　　订：天津千鹤文化传播有限公司

出版发行：电子工业出版社

　　　　　北京市海淀区万寿路 173 信箱　　　邮编：100036

开　　本：880×1230　1/32　　印张：8.125　　字数：260 千字

版　　次：2024 年 8 月第 1 版

印　　次：2024 年 8 月第 1 次印刷

定　　价：52.00 元

凡所购买电子工业出版社图书有缺损问题，请向购买书店调换。若书店售缺，请与本社发行部联系，联系及邮购电话：（010）88254888，88258888。

质量投诉请发邮件至 zlts@phei.com.cn，盗版侵权举报请发邮件至 dbqq@phei.com.cn。

本书咨询联系方式：（010）88254210，influence@phei.com.cn，微信号：yingxianglibook。

很多个夜晚我独自站在公司大楼楼顶，眺望远方，清风拂面，月朗星稀，"双童吸管"（以下简称"双童"）的一切如电影般——回放，恍如隔世。

公元 1091 年，54 岁的大才子苏轼在杭州送别老友钱勰，写下著名的《临江仙·送钱穆父》一词，其中最后两句写道："人生如逆旅，我亦是行人。"我的人生，一直跟随着时代的洪流，亦成为这"逆旅"的一员，历经万道河、千重山，终究是苦尽甘来。

我的经历与现在年轻的创业者全然不同，对他们来说可以算是天方夜谭。我四十五年的创业历程，大致可以分为三个阶段。

第一个阶段是因生活所迫而少年老成。由于小的时候家徒四壁,刚上初中的我不得不追随父亲赴江西,开始"鸡毛换糖"的生涯。

第二个阶段是四处闯荡却求而不得。在十多年的时间里,我踏遍小半个中国寻找商机,干了几十个行业却一事无成,教训无数。

第三个阶段是回归义乌后终获柳暗花明。从 1990 年回到义乌,我开始从小商品贸易中瞄准一个小品类,创办"双童吸管",并坚持至今。

在这三个阶段中,"鸡毛换糖"是我人生中最为重要的经历。不仅是我自己,也是义乌商人的时代印记。

到现在,我还时常带着家人再走当年的"鸡毛换糖"之路。每次我们一家四口从义乌出发,经高速公路到达江西弋阳县后,经花亭农场、葛溪、樟树墩,到达方志敏烈士的故乡漆工镇后作短暂停留。这里是我当年跟随父亲"鸡毛换糖"的主要落脚点,也是奶奶远嫁的归宿。我们会去看望奶奶那边的亲戚、以前借住的老东家以及他们的后人。弋阳之后,我们继续经已经废弃的溪北煤矿,上德兴,过乐平,走景德镇,再回万年、贵溪,一路一两百公里,走走停停,最后再返回弋阳。

这是一条我少年时无数次走过的乡间小路,涓涓流过的信江河水边留下我的沉重脚步,羊肠小道上曾挥洒过我的汗水,让我一辈子难以忘怀。

每次夫人开着车在回程的夜幕下安静地驶着,我的脑海里总会一遍一遍翻腾着 20 世纪七八十年代"鸡毛换糖"的记忆。

往事并不如烟。所有这些少年时期的记忆，都在我的人生中留下了挥之不去的烙印。

我每次讲起那些往事，年轻人都将信将疑。

我常常想，义乌能成为全世界最大的小商品集散基地，铸就了"勤耕好学、刚正勇为、诚信包容"的义乌精神，这一精神就是从几百年的"鸡毛换糖"中演化而来的。义乌能有今天的地位，不是天上掉下馅饼，而是货郎担精神、义乌精神在连绵不休地支撑着一代又一代的义乌人，义乌的子孙后辈不应该忘了从事过"鸡毛换糖"的祖祖辈辈。

我这一代从事过"鸡毛换糖"的人，是在改革开放后真正成长起来的，经历了一步一步的摸索与突破并最终小有成就。老实说，我们这一代人有什么？没有天赋，没有基础教育的积淀，也没有好老师带领我们。有的就是在改革开放初期的混沌与迷茫中，追求美好生活的勇气和坚韧不拔的特质。我们克服各种困难，白手起家，不言放弃，勇立潮头，从而走出了一条属于自己的道路。

整个中国改革开放的过程也是如此，一点点改变思路，一点点寻求突破。用今天的视角去看待我们的商业尝试，可能有很多都处在当时政策的灰色地带。正是在政策没有突破之前，很多人勇敢地走在了前面，才引发了一轮又一轮更加合理的政策出台。正是我们这一代人一点一点突破，国家在我们的突破下一点一点放开，从而使政策在这种突破和放开中一点一点明朗。在这个过程中，政策环境、市场环境和企业家精神在彼此互相磨合，螺旋式成长。

正如著名财经作家吴晓波在 2018 年的年度演讲中说的那样，中国的家庭联产承包责任制、国有企业的放权让利改革、税收制度改革、社会保障制度改革、金融改革等众多重大改革，基本上都是中国基层老百姓、地方政府不断突破原有规则、大胆创新的结果。

我珍惜今天这来之不易的成果，珍惜家庭、珍惜企业、珍惜社会，深爱着这片生我养我的土地。我希望我们的年轻一辈，也应该好好珍惜这太平盛世、海晏河清。

很多人总是更愿意从一个人的华彩背后去追寻所谓的成功秘诀，而往往忽视了华彩之前的坎坷经历。这世上从来就没有横空出世的运气，只有不为人知的艰辛努力。我最终把自己受的苦、吃的亏、担的责、扛的罪、忍的痛，变成了一道光，照亮我不断前行的道路。

我一个人挺过那么多个春夏秋冬更替的凄风冷雨，到现在，我想用最平实的文字把我的所经所历和所思所虑，告诉那些正在迷途中的创业者。

作为经历过那种苦难的一代，我们都有一个鲜明的特征，就是不会把精力和金钱花在奢侈消费上，不会为追求更多的物质而生活。本质上，我们都在追求精神成长，追求被需要的感觉，让自己像蜡烛一样释放光亮。

满足于现状从来都不是我的性格，我总是在一次次成长之后又时刻把自己置于一种重新起跑的状态。蓝图已经绘就，就要扬帆破浪；重任担在肩上，更须策马加鞭。

李开复先生曾经说过："正面影响他人是神圣的事情。"这正是我要写这本书的缘由。

愿我的经历，能对行进在创业路上的你有所启迪。

目 录

第一章　童年烙印

对今天的年轻创业者来说，你们的童年刚好处在中国社会的大发展时期，满眼尽是"迟日江山丽，春风花草香"。对我这代创业者而言，却是另一番不同的景象。

第二章　我要做"鸡毛换糖"

"鸡毛换糖"是义乌商业史上浓墨重彩的一笔，我和我的祖辈都参与其中。"鸡毛换糖"体现了义乌人毫厘争取、积少成多、百折不挠的创业精神。这种商业交换的最初形式，很大程度上是义乌的自然环境和社会环境共同作用的产物。

第三章　鸡毛飞不上天

我们这群"鸡毛换糖"的生意人居无定所，每天肩挑脚跑，风餐露宿，但始终处在一种温饱的边缘地带。其中艰辛，正如《西游记》主题歌唱的那样 "一番番春秋冬夏，一场场酸甜苦辣"。亲历"鸡毛换糖"一段时间后，我深刻醒悟到"行商"无法获得稳定的收入和实现真正的商业价值。我该何去何从？

目 录

第四章　踩瓜皮，找商机

随着改革开放步伐的加快，我国商品经济也越来越发达。在我加入"鸡毛换糖"几年后，挑货郎担这个行当慢慢走向终结，以"鸡毛换糖"为代表的"行商"，最终被在固定场所做生意的"坐商"所替代。我的"坐商"之路是从摆地摊这种最简单的形式开始的，这比之前做"行商"投入更小，获得更多，体验感更好，在商业上也更有效率。

第五章　回乡折腾

在外折腾几年，最后因为倒腾电子表，人被查，货被收，最终积蓄耗尽。我从事的这项具有鲜明时代印记的生意，最后大家基本是同一个宿命：一次次积累，一次次被归零，最后还是回家务农。虽然不得不又回到村里，但自小不安分的我，又开始了一轮又一轮的折腾。

第六章　再踏千山万水

回村的养殖生涯最终以巨大的亏损，以及几千元无力偿还的信用社贷款收场。为偿还债务，我不得不再次踏遍千山万水，重新开始在全国更大范围的奔波。这一时期，我也完成了娶妻生子等人生大事。

第七章　柳暗花明

在外漂泊十多年，商业上我并没有找到可以安定下来的明确方向。因为夫人身体的原因，我决定回到义乌，结束在外居无定所的生活。随着义乌市场的不断拓展，我的商业方向逐渐明晰，我找到了自己可以为之奋斗一生的事业，踏上了全球"吸管大王"的道路。

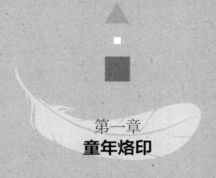

第一章
童年烙印

磨难，对于弱者是走向死亡的坟墓，
而对于强者则是生发壮志的泥土。

——让-雅克·卢梭（Jean-Jacques Rousseau，1712—1778），法国启蒙思想家

对今天的年轻创业者来说，你们的童年刚好处在中国社会的大发展时期，满眼尽是"迟日江山丽，春风花草香"。对我这代创业者而言，却是另一番不同的景象。

寺边的楼家

我于1965年8月出生在浙江义乌，家中排行老四，前面有两个哥哥和一个姐姐。跟我同年出生的，还有后来创立运动品牌"361°"的丁辉煌，创立"美特斯邦威"的周成建，以及联合创立"当当网"的俞渝，马云则早我一年。我的成就不如他们，但我们出生后所面临的社会环境是相同的。

老人们已记不起我具体的生日，只记得我出生的那一天，天色灰暗，风起云涌，有人说这孩子将来会吃不少苦，但也会苦尽甘来，后来发生的事情验证了这一点。

我出生的村子那时还完全是农村，离义乌县城大约有五公里。如今我的村子所在地，已是闻名遐迩的义乌国际商贸城，全国乃至全世界的商家都来这里寻求小商品交易。而我儿时的家，正对着现在国际商贸城的一、二号门。

我们村子叫寺后盛村，顾名思义，就是村子在一座寺庙的后面。这座寺庙就是义乌著名的千年古寺——福田禅寺。

在僧人的眼中，行善修德，能受福报，犹如播种田亩，有秋收之利，故称"福田"。禅寺始建者的法号，正是"福田"禅师。

后来，我专门查过《义乌县志》，然而在成堆的义乌史料中，记述福田禅寺的内容，仅有寥寥数语，这实在是一个千年禅寺的遗憾。县志记载说，福田禅寺始建于唐懿宗咸通年间（公元866年），五代后晋天福四年（公元939年）毁于一场火灾。到了北宋天圣七年（公元1029年），倾废了将近一个世纪之久的福田古禅寺，终于由民众乡绅捐资得以重建，并由宋仁宗赐匾更名为"福田教寺"。

后来寺院又几经兵燹，几兴几废，至元、明、清三朝后逐渐走向衰落，到新中国成立初期基本被废弃，只剩颓垣败壁，空守着西风落日。

我们寺后盛村的村民一直守护着这座千年古寺，却无力承载复兴古寺的重任。

直到2001年，随着义乌第五代小商品市场的破土动工，古老的"福田教寺"也被列入拆迁范围。这座寺庙才由浙江省古建研究设计所根据古籍记载重新设计，地址亦由福田寺后盛村搬迁到西力村。重新修建后，仍恢复原寺名"福田禅寺"。此后，禅寺渐渐香火旺盛，恢复生机。

义乌"福田禅寺"全貌

我们寺后盛村，全村一千多人基本上都姓楼。根据家谱的记载，楼姓最早来源于姒姓，而姒姓又是上古八大姓之一，祖先是大禹。这样算起来，我也算是大禹的子孙了。不仅是我们村，整个义乌市也是全国楼姓人最大的聚集地，全国24万楼姓人中，有近6万人生活在这里。

我家这一支楼姓，尽管住在寺后盛村，却算是村里的"外来人口"。小时候听长辈们说，当年我太公的爷爷一家住在义乌北边的一个楼姓村里，早年参加过"太平天国"运动。南京兵败后，他为了保住身上的银锭，居然忍着剧痛在腿上挖了个洞，将银子藏到洞里再裹上裹脚布，一路蹒跚回到村里。

等他回村后才发现，家里人已经不在人世，房子也都被人拆了。无奈之下，他只好投奔到寺后盛村，并跟这里的楼姓人家拜把子，建立兄弟关系，从城北"移民"到了城东，成为寺后盛村人。

城东的楼家，房号叫"忠孝世家"，而城北的楼家，房号叫"六吉堂"。尽管我们一族从城北迁到了城东，但房号一直没改，"六吉堂"的房号延续至今。

到现在，我时不时还会租几辆大巴车，把村里的人请来参观"双童吸管"，让他们看看这里的变化，好酒好菜招待，开楼家的联欢会，沟通情感，不忘家族恩情。

之前的家族历史，基本上是靠家族人一代代的口口相传，并没有成文的材料。这也是我为何要写这本个人传记的原因之一，我希望这本书能成为我这个时代的真实记录，让我们的后辈知晓楼家家族史时，不再停留在口头记载上。

楼家到了爷爷这一辈，我的记忆中就充满了苦难。

爷爷的丈人，也就是我的太公，生活在另外一个村。他在义乌江边开了一个烧砖瓦的小窑厂，算是有钱人。窑厂烧砖瓦需要大量的柴火，柴火可以分成大柴和小柴，大柴就是粗柴，也叫硬柴；小柴就是小灌木。一般家里用小柴来做饭菜，而烧窑的柴要求较高，必须是大柴，否则火候不够，烧出来的砖瓦质量就不好。要取得大柴，就需要到义乌江的源头东阳，也就是现在著名横店影视城那边的横锦水库山区去砍。伐木工人在山上砍下木头之后，再把木头编成木排，让人牵着顺江水而下几十公里到达村子边的河道里。然后，需要人工拆掉木排的绳索，再一根一根把木头捞上来。

作为女婿，帮助岳丈捞木头是爷爷的重要工作。

爷爷就是在捞木头的过程中，不小心被江里的钉螺叮上，感染了血吸虫病。这种病发展到晚期时，病人会出现大量腹水，整个人的肚子肿得像个气球，疼痛难忍。由于当时医学不发达，有人为了减轻这种疼痛，会自己偷偷找来竹子削尖了戳穿自己的肚子，把腹水放出来。最终，腹大如鼓的爷爷在极度疼痛中离世了。

爷爷走的时候，父亲还不到周岁。

年纪轻轻老公就死了，奶奶就带着父亲回了娘家，与太公和太奶奶生活在一起。

太公家除了窑厂，还做蜜枣的生意。那时义乌家家户户都种蜜枣，每到八九月份枣子成熟时，太公他们就挨家挨户去收购，晒干再拿去卖。太公家的大房子，就是靠买卖蜜枣挣钱建造的。后来创立"双童"后，我也在公司楼顶上种了一些枣树，以这种形式纪念奶奶和父亲在太公家居住的这段岁月。

"嫁出去的女儿像泼出去的水"，这种观念在那个年代根深蒂固。在太公家住久了，奶奶就开始为一直待在娘家深感不安，最终还是在热心人的撮合下选择改嫁。

按照习俗，前夫的儿子是不能带去新夫家的，父亲就只能交由太公照顾。外孙住在外公外婆家倒也正常，但是不久太奶奶过世后，太公又讨了一个老婆。这个太奶奶是改嫁过来的，并把跟前夫所生的儿子也带过来，这样父亲在太公家就显得很尴尬了。

更尴尬的事情不久又出现了。在父亲不到10岁时，太公也过世了。这样一来，家里就剩下改嫁过来的太奶奶、她带来的儿子以及父亲。父亲跟他们没有任何血缘关系，等于就这样整天生活在两个外姓人家里。

"大丈夫生居天地间，岂能郁郁久居人下。"万般无奈之下，父亲只得去投靠改嫁的奶奶。这也是父亲的命运，自小居无定所，处处投靠。

父亲投靠时，因为奶奶改嫁后没有生育，她又再度改嫁了。

这次改嫁之后，奶奶跟丈夫"串通"起来，偷偷在外领养了一个刚出生的吴姓孩子（我后来一直称呼他为吴叔叔），骗着婆家，一家人倒也生活得不错。然而好景不长，领孩子的事情还是被婆婆知道了，奶奶因欺瞒婆家无法再在那边立足，不得不选择再次改嫁。

奶奶改嫁多处，最后离开浙江，远嫁给一位江西弋阳人为妻。这次改嫁，奶奶把领养的吴叔叔也带了过去。后来，我和父亲挑货郎担第一站就是江西弋阳，正是因为这里是奶奶的最终归宿。

也许很多人没听说过弋阳这个地方，但如果说起在这里出生的方志敏烈士，大家想必耳熟能详。在弋阳县城边上有个地方叫漆工镇，方志敏烈士就出生在这里的湖塘村。20世纪二三十年代，方志敏烈士曾在弋阳创建中共漆工镇小组，组织"弋阳青年社"，并出版《寸铁》旬刊，建立农民协会，领导农民运动。他在狱中撰写的《可爱的中国》，曾激励了无数有信仰的人们，为建立一个崭新的中国而努力奋斗。后来我从江西回到义乌创业小有成就后，我们夫妇带着孩子重走当年的路线时，也曾多次参观方志敏烈士纪念馆和故居。

在我的记忆中，奶奶是一个很贤惠的人，比一般的妇女能干很多。因为奶奶除了父亲，再没有其他小孩，所以很疼我们这些孙辈，但凡有一点好吃的东西都要给我们。

奶奶出生在一个家境比较好的家庭，做事情有眼光、有智慧，而且她个子也高，身形又好，是一个标准的大美女。

然而就是这样一位女子，在我们的记忆中却是一生凄苦，跟我们聚少离多。

等我十四五岁开始跟父亲去江西第一次挑货郎担时，奶奶已经不在人世。至今我每次回村，望着村口那棵先祖们种下的千年香樟树，犹如一位期盼孩子回家的老人，心中仍有万般的遗憾。

奶奶一生飘零，父亲亦是被四处寄养。以前我不懂这些人间疾苦，直到我自己开始抚养孩子后才明白，在这样环境下成长起来的父亲，能把我们六个子女拉扯大，该受了多大的苦楚啊！

我要吃白米饭

饥饿的事实，在我出生前的几年已经发生过了。相对于我的父辈和大哥，我还算幸运的。

在最困难时，村里人几乎把山上的树皮、田间的草根等一切能吃的东西都扒干吃尽了，甚至在极端情况下，拿观音土（一种粉状的白土）来充饥。母亲后来说起那段时间的惨状，还心有余悸。

懂事后，父亲总跟我说起在1960年前后，我们一个村常有饿死人的情况，那几年整个村几乎都没有小孩出生。直到1965年，这种情况才稍微有所改变，所以我也是村里生育断层后出生的第一批人。

在我出生前两年，眼看一家都快活不下去了，父亲毅然决然地瞒着村干部，拖家带口逃往江西弋阳奶奶那里。那边属于农场，日子相对好过一些，基本上能填饱肚子。

义乌那时吃不饱饭，我后来自己总结主要有两点原因。

第一个原因可能是生产队搞的各类"运动"特别多，对生产和生活产生了严重的影响。村里还办过一个运动，给玉米打针。种得好好的玉米，已经在抽穗了，生产队干部要求家家户户拿竹签给玉米中间扎一针，说是从别的地方传过来的先进经验。我们小孩子也搞不懂，觉得好玩也会跟着去给玉米打针。结果那些打过针的玉米，没几天都齐刷刷死掉了。

现在回头想想，那个完全以群体盲思替代个人独立思考的时代，多么愚昧和可怕。愿我泱泱中华，以后再也不要这样的时代。

第二个重要原因跟自然环境有关。义乌所处的浙南山地比较多，资源贫瘠。浙江省整体上是"七山一水两分田"，适合耕种的田地本就不多，有些县城可能是八山一水一田，承载不了太多人口。整个义乌市面积大约1100平方公里，实际上真正能够耕种的土地才300平方公里左右，而能种植水稻的就更少了。

我们寺后盛村周边是一块难得的平坦地，也是义乌人口高度集中的地方。由于人多，留下来可耕种的土地自然不多。而且可耕种的田地并不都可以拿来种水稻，因为水稻对环境条件要求较高，要么周边有水库、池塘，要么在河流边上，总之要有水源，否则就只能靠天吃饭，没有任何保障。种水稻也没有化肥，完全靠一点有机肥，肥力和效率都很低。

因为义乌缺地少粮的情况很难在短期得到改善，父亲就想着尽量在江西奶奶那边躲着，不回义乌。

然而，事情并没有朝着父亲预想的方向发展。

由于我们的户口一直在义乌，江西弋阳当地会时不时查户口。为了躲避查户口，父亲带着一家人不得不躲躲藏藏，状况百出，有时候晚上甚至要藏在山里，直到检查的人走了才敢回到奶奶家。

1963年的一天，一家人最终还是没躲过，被查户口的人堵在家里，不得不返回义乌。

那次一回到义乌村里，一家人立刻遭到集体批斗。父亲承担了全部的责任，他的身体在那段时间受到了严重的伤害，落下了病根。后来父亲做事一直谨慎小心，不敢做太费力的体力活。

跟父亲一样受过很多苦的，还有我大哥。

大哥1955年出生，长我十岁，一直营养不良，童年没过几天好日子。1963年，父母带着他回义乌时，大哥已是七八岁的年龄，正处于长身体最要吃东西的时候。有一次，大哥因饿得慌，偷偷跑到地里刨了个番薯吃，结果被村里的管理人员逮个正着，竟被锄头打断了腿。

母亲一直说我们六兄妹中大哥命最苦，几次都是差一点死掉。说起往事，老人家总是止不住流泪。

听母亲说，有一次大哥看到门口的臭水沟里有一个萝卜头，如获至宝地捞上来，结果二哥也想吃。母亲看到后，选择了给年纪更小的二哥吃。二哥吃了，大哥自己又处于极端的饥饿中，无奈地拿起小碗舀了臭水沟的污水喝下去充饥。结果到了晚上，大哥就高烧不退，连续烧了三天三夜。村里的赤脚医生诊断后，给出的结论是得了脑膜炎。医生建议说，大哥不用到处找医生看了，已经没救了，让父母准备后事。

父母在绝望中，只能祈求神仙鬼怪的帮助，于是迷信开始登场。

我们村一个老太婆看到大哥的情况后，说可以把露天粪坑底部的碎瓦片捞出来洗干净，放在火里焖烧，烧红后再放入一锅水里煎。只要把煎出来的水喝掉，病就可以治好。走投无路的父母只能将信将疑照办。没想到，大哥喝完这锅水的第二日，高烧还真退了。

不管怎么说，大哥的命总算保住了，但由于青少年时期长期处于严重的饥饿和各种折腾，他身体发育不良，身高不足一米六。

二哥比我长了7岁，他的童年比大哥要好一点。

二哥出生的那一年，蒙牛的创始人牛根生也出生了。牛根生的童年生活亦是困苦不堪，据说因为家里养不起他，父母便将他以50元的价格卖掉，后来就跟着养父养牛。也是因为这个原因，牛根生从小就与牛结下了不解之缘，后来走进伊利，再后来创立蒙牛。福兮祸兮，有时候还真说不清楚。

尽管我们家兄弟姐妹六个，好在还没发生过父母把孩子卖掉的事情。

为什么会有人把孩子卖掉，是因为多子女的家庭要解决正常的吃喝是一个大难题。农村全部实行集体承包制，除了集体的生产劳动，不让私人种任何农作物。如果有一家人偷偷种了南瓜，就会被其他人举报。我记得我们村有个农户喜欢喝酒，就偷偷在集体的水稻田里夹杂种了点糯米稻，准备成熟后用来自己酿黄酒。这些糯米稻在还没成熟时与一般水稻无异，但到了抽穗的时候就不一样了，跟一般水稻有明显区别，结果这事被人举报，最后酒也没酿成。

种种现在看起来无比荒谬的事情，导致很多农民家庭都处在饥饿之中，实在没办法就只能选择外出讨饭。

比如中国改革开放发源地之一的安徽省小岗村所在的凤阳县，根据县志记载，1967年1月初到2月22日，有9900人外出要饭，沦为乞丐。到了当年的3月18日，外出乞讨的人数更是达到了1.8万之多。1963年，傻子瓜子创始人年广九因为贩卖板栗被判投机倒把罪。人家厉声质问他为何明知故犯，他吭哧了半天，憋出一句大实话："家里面有好几张嘴，都要吃饭嘛！"

自打我有记忆开始，脑中的信息都跟饥饿有关。或许简单用"饥饿"一词，并不能准确表达我的记忆。一种极端的饥饿导致的恐惧，主导了我很长一段时间的关于生存的忧患意识。

因为这种生存忧患意识，让我自小就有一种改善生活的强烈渴望。

那个时候的我，拼尽全力去找吃的，生活里除了找吃的还是找吃的，或者拾捡一些东西去换吃的。我到处找野果，满地捡柴火，到邻乡捡菜叶，四处捡稻穗头，沿着铁路线捡煤渣。大雪天，我还拿着锄头在大哥二哥带领下到农场麦地里挖遗留的番薯根……

1969年，我4岁那年，大家现在耳熟能详的企业家雷军、张小龙、余承东相继出生，想来他们的状况也并不会比我好多少。但是在一些大点的城市，情况还是要好很多，比如在广东佛山，何享健在1968年创办了一家乡镇集体制企业，这就是美的集团的前身。同年，张瑞敏进入青岛五金厂工作，成为一名工人。1969年，鲁冠球在杭州萧山投入4000元创办农机修配厂，这便是后来的万向集团。

相比村子的同龄人，我找吃的有一定的优势，我最大的特点是身形灵活，爬树、游泳、钻洞都是一把好手，也算同龄人中饿得不是最厉害的。

说是找吃的，实际上差不多等同于偷吃。因为家家户户都禁止种农作物，除了野生的果子，其他都属于生产队。生产队种的几样东西，甘蔗、番薯、芋头、莲藕、枣子等，我们总会想法偷点。如果能偷到，也不讲究干不干净，赶紧塞嘴里。比如，我们在生产队的地里挖到番薯后，往往把带泥的番薯在衣服上一擦，皮也舍不得剥，就躲起来吃。采莲藕和菱角不像挖番薯那么容易，必须趁人不注意的时候潜到池塘的水下去。如果发现远处来了人，就得在水里一直躲着。等人走开后，赶紧把采到的莲藕直接拿池塘的水洗一下，在水里就吃掉了。

义乌人喜欢种甘蔗，这是我们偷吃的主要食物。但捡甘蔗和吃甘蔗都会有声音，为了防止被人听到，我一般会在晚上没人的时候行动。我在甘蔗地里先用镰刀砍上一根，然后一截一截偷偷吃掉才回家睡觉。有时候白天没吃什么东西，晚上如果不吃上一根，会饿得睡不着觉。二哥比我胆子大，他吃完一根甘蔗后，还会再多砍几根，然后扎成一捆带回家。

好在生产队种的甘蔗多，偷几根并不容易被发现。但是一旦被抓住，就会被狠狠打一顿。不过在饥饿面前，即使被抓到，这种疼痛我们也是能承受的。当然，看守的人如果抓到我们这些小孩子，也不会死命地打，还是以吓唬为主。

这些都是讲夏天找吃的，情况不算太难，但到了冬天，外面根本没东西可吃，如果饿了，母亲通常会在用番薯刨成丝的猪食里，舀一碗番薯丝，加上一点番薯叶和番薯藤给我们吃。基本上整个冬天都是吃这种杂粮，跟猪吃的没有太多区别。这种食物吃几天之后就已经味同嚼蜡，吃白米饭离我们的生活很远很远。

有一天，我放学回到家，在锅灶里面发现有个白搪瓷罐。搪瓷罐边上，居然罕见地看到沾了几粒白米饭。我立马意识到，可能是我中午不在家，其他人瞒着我吃了白米饭。

我一下就生气了，为什么我没有白米饭吃？

我开始死命地闹，死命地哭。家里人没有给我解释，母亲躺在床上，想说点什么，但终究还是没开口，"未语泪先流"，就由着我闹，一点都不理睬我。我就愈发来气，干脆跑出去绕着整个村子边哭边跑，边跑边喊，说我们家不公平，他们都吃了白米饭，就我没有吃到。

父亲见状，生气到了极点，把我拖回家。父亲那次下手很重，打得我的脚上、腿上都血迹斑斑，这成为我童年时代非常深刻的一段记忆。

事后我才知道，那个白米饭的来源是母亲去"结扎"（当时已经实行计划生育，国家早在1973年7月就成立了计划生育领导小组），公社里补贴给她的五斤米。由于那时医疗水平差，女性结扎算是个大手术，要在家里躺半个多月。没有这些白米，母亲可能连命都支撑不下去。

那个年代，人们不仅为吃的发愁，就连找到家里烧饭用的柴火都极为困难。

田地路边上几乎看不到一根柴火，就算是路边有一株草，大家都争着去拔掉拿回家。很多家庭在做菜时，为了省柴火，就在蒸饭时把菜一起蒸。等蒸好之后，再把木头锅盖翻过来，把菜放上面剁碎了，撒点盐就吃了。

我现在都记得离我们家不远的小山坡上，除了松树没有其他植物，光秃秃的，因为但凡长出一点植物来就被挖掉了。凌晨两三点钟，风吹松树会掉针叶和松果，大家都等着去抢那些落在地上的针叶和松果，用耙子收集起来，运回家里烧饭。

我们家不远有一片几十亩的坟地，里面也种满了松树，迷信的村民们不敢去拾掉落在那里的针叶和松果。母亲胆子比一般人大，她经常一个人去林子里把那些被风吹落下来的针叶、松果以及松皮捡回家烧饭。

为了解决烧饭用的燃料问题，村里的人也挖干枯的树根。附近的地方挖没了，就到更远的地方去挖，有时候甚至走上十里路，到一些丘陵地带去挖茅草根，捡小树灌木的枝条。我们那时读书，上课的时间本来就很少，放学后不像现在的孩子到哪里去玩，而是一起去捡烧饭用的柴火。尽管年纪还小，我也必须跟着哥哥姐姐每天去。

有时候实在找不到柴火，很多人就会去偷。有次二哥就拉着我，半夜三更去另外的村里偷砍大一点的楝树，两个人再抬回家。

在这种极端情况下，很多人为了生存都会做出偷甚至抢的事，所谓"穷山恶水出刁民"，这个话我认为是有道理的。连生存都解决不了的时候，大家哪里会顾忌道德，活下去才是最重要的，这是人的动物性本能。

到了1970年前后，挨饿的情况有些好转，因为政府出台了一个家庭"一只老母鸡，两棵南瓜苗"的政策，也就是允许一家人养一只鸡，种两棵南瓜苗。

在养母鸡还是公鸡的决策上，大部分家庭会选择养母鸡，因为母鸡能下蛋，这样一家人经常能吃上鸡蛋。尽管每个家庭允许种两棵南瓜苗，但条件是不能占用公家的地盘，于是很多人会把南瓜苗种在先辈的坟地里。只能种两棵，如果多种了南瓜苗，就会被生产队的工作人员割掉。为了把这两根南瓜苗种好，大家就倾尽全力把粪便等有机肥全部往这棵南瓜苗四边堆，因此南瓜也都长得特别好。很多家庭夏天就靠吃南瓜藤、南瓜花以及南瓜过日子。

再后来情况得到进一步改善，每个家庭允许有一小块"自留地"。自留地里面，可以种各种蔬菜，不过也无外乎是青菜、芥菜、茄子、辣椒、番薯叶等。

到了1974年，也就是京东创始人刘强东出生的那一年，国家开始将完全由中央政府管控的物资下放，比如由国家计委统配和部管物资的种类由1966年的579种减少到1974年的217种；同时，中央政府也把企业的物资分配和供应权下放到地方管理。

这时，吃上白米饭才不再成为我的记忆中一个特别困难的问题。

"三面镜子"

义乌人重商，也很看重子女的教育，百姓尚文好学之风古来有之。

从城东流过的义乌江，古往今来孕育着历代名人：初唐四杰之一的骆宾王、宋朝抗金名将宗泽、金元四大名医之一朱丹溪、现代教育家陈望道和理论家冯雪峰，以及历史学家吴晗等皆来自义乌。

在义乌的民间，一般家庭再穷也都会想尽办法让孩子上学，我家也是如此。

我小学的记忆，是从几件刻骨铭心的事情开始的。

1972年，7岁的我到了上学年龄。那时农村幼儿园很少，我没上过幼儿园直接上了小学。

我们兄弟姐妹6个加上父母8口人，口粮全靠父母在生产队赚取的工分获得。社员去生产队干集体农活，挑一担生产队会给一张签，拿着签就可以换到工分，有了工分才能领取粮食等生活物资。像村里修水库大坝，都是社员为了挣工分一肩肩挑出来的。

　　现在很多家长说对孩子"放养"，其实捂得很紧，我们那时才叫真正的放养。忙于集体农活的父母，无力考虑我们的生活安排，通常每天回家数一数没少人就行。到我要上小学的那一天早上，同龄人约着一起去学校报名，母亲这才发现我还穿着开裆裤。情急之下，母亲在我的开裆裤外面围上一条粗布围裙，就让我跟着一起去学校了。

　　从小野惯了的我也不在乎，就穿着开裆裤加围裙，第一次走进了村里的小学。虽然大家都穷，但穿开裆裤去上学还是成了一个笑柄。同学们都围过来掀开我围裙看，个别同学还恶作剧，扯掉我的围裙。

　　本来我从小穿惯了开裆裤也不在乎大家看，但那天竟不知突然哪来的自尊心，羞愧难当，风一样跑回家，到母亲面前痛哭不止，死活也不肯上学了。母亲一边安慰我，一边答应明天一定不会让我再穿开裆裤上学。当晚，母亲把她身上的围裙剪下来将我的开裆给缝上。尽管补色有差别，但好在不再是开裆裤了，我这才答应继续上学。

　　自此，我算是结束了光着屁股、赤着脚，像个野孩子一样漫山遍野乱跑的生活。

　　此后，母亲就给我们几个孩子一年做一套衣服，布料都是自己家织的粗布，再请人染成蓝色或者灰色。母亲一般会在春节前将布料准备好，然后请裁缝师傅到家里给我们量体裁衣。

我们之所以要自己织布，是因为像我们这种家庭根本拿不到国家发的布票。那个年代实行的是计划经济，买什么东西都需要凭票购买。只有拿到布票的家庭，才能去购买布匹做衣服，而且布票还要足够多。创立华为的任正非先生后来回忆道："那个时候发布票，就发一尺七寸，不是公尺是市尺。你说这个布能做衣服吗？短裤都做不了，只能用作补衣服。"

1976 年的浙江省布票

国家也想过一些办法，比如在 20 世纪 70 年代初，国家为解决老百姓吃饭穿衣问题实施了一项"四三方案"。所谓"四三方案"，就是国家动用 43 亿美元外汇向美国、联邦德国、法国、日本、荷兰、瑞士、意大利等发达国家大规模引进成套技术设备的计划。有了设备，棉花年产量却不够支撑。那些年，中国的棉花年产量供应不足，纺织原料紧缺，成为解决民生问题的一个短板。

母亲给我们做的衣服只有一套，不管是天冷还是天热，我们就一直穿着。这种衣服又厚又硬，冬天很冷，夏天又特别热。我们穿着也不舍得洗，一方面是父母为生计忙得没有时间为我们洗衣服；另一方面是清洗时没有点技术会使衣服容易破损。那时衣服都是在井水边或者河边清洗，清洗时用木锤子捶打，洗几次下来衣服可能就会破洞了。

除了衣服很少洗，很多孩子甚至都长期不洗脸。

我小时候就特别脏，有时候十几天都不洗脸。到冬天时，因为穿不暖，容易流鼻涕，就习惯性用衣服的袖子和前襟去擦，久而久之鼻涕糊在上面形成了镜面，发黑、发硬，在太阳光下会闪闪发亮。

小学班主任是个女老师，看到我那么脏，开玩笑地说我身上有三面"镜子"：两个袖子上各一面，衣服的前襟上还有一大面。

因为不爱洗头洗澡，我的头上在很长时期都长有烂疮，溃烂发脓。以至于长大后，我的后脑勺几乎就没有一块完整的头发，都是癞头疤。

长大后极为讲究卫生的我，完全想不明白那个时候会那么不讲卫生，想想就觉得有些恶心。我的这种情况，在同时代的小孩中，不算特例，是比较普遍的情况。印象中，中国农村孩子的卫生意识直到20世纪80年代中后期才得到提高。

除了衣服，鞋子又是另外一个故事了。

刚上小学时，到了冬天发现没有鞋子穿，快下雪了还赤着脚。母亲其实也会在每年的春节前给家里每个孩子缝一双布鞋，但我从小特爱跑，漫山遍野地跑，一双布鞋往往几个月就踩烂了，剩下的日子只能半赤着脚。

后来有一些家庭开始穿"解放鞋"了，但我们家里买不起。父亲想了个办法，把独轮车坏掉的轮胎割成一段一段，做成"轮胎鞋"给我穿。我一试，感觉还挺好。由于我从小赤脚跑惯了，脚底早就长满了茧，穿这种粗糙的鞋也没觉得有什么不舒服。鞋特牢固，任由我怎么跑也不破，上学、割草、捡柴等基本上就靠这双鞋。

那个时候农村大多是多子女家庭，父母管子女管得极为"粗糙"，不是父母不心疼，而是他们心有余而力不足。我们家里孩子太多，6个小孩让他们身心疲惫。对于现在那些养一个小孩都鸡飞狗跳的父母而言，这种"养娃"的方式是他们不能想象的。

在我小时候的记忆里，母亲为了照顾我们几个，一直特别瘦，就是一副皮包骨头。

我是家里最调皮的孩子，也是最不抗饿的孩子，母亲每次跟我回忆以前，就说我可能是个"饿死鬼"投胎。家里饭菜还是以蔬菜拌饭和杂粮为主，再加上少油，我老觉得饥肠辘辘，一天到晚就想着吃饭，每次一从学校回到家就满屋子找吃的。

家里只要有点吃的，无论父母藏在哪里都会被我找到。找到后，我总是忍不住偷吃掉一些。每次被父母发现后，我还不承认，自然免不了挨一顿打。之后，我还是一有机会就故伎重演，照样打死不承认，以至于家里只要有吃的东西少了或者不见了，父母首先就会怀疑是我干的，事实上的确也是我干的。

那时农村大部分家庭都面临孩子多、粮食不足的困境。为了用同样的大米煮出更多的米饭，村里流行一种办法，就是每餐的米饭不吃完，留一碗剩饭作为"饭娘"。大家认为用上一餐剩下的米饭掺入下一顿米饭中，就可以烧出更多的米饭。

我们家每顿的"饭娘"，母亲会用竹篮子装好后悬挂在灶台上方的屋梁下，很高，一般小孩够不着。但我还是会趁着父母到生产队出工的时候，搬来餐桌，再在桌子上放两把椅子，搭得很高，想尽一切办法到饭篮子里偷点"饭娘"果腹。偶尔椅子没搭好突然垮下来，摔个狗啃泥是小事，有时候牙齿都磕出血来。

母亲发现这样还防不住我，就把"饭娘"放在柜子里，用铜锁锁上。到了晚上，父母甚至会把"饭娘"放在他们的床边，以免晚上被我们几个偷吃。

挑担的父亲

集体劳作时代，按家庭人口分配口粮。一个家庭早稻米可以分到多少，晚稻米可以分到多少，小麦、番薯、红糖、枣子可以分到多少，都按照村里的计划进行。

如果家庭劳动力多，粮食一般来讲会够吃，可能还有剩余，这叫作余粮户。但如果家庭的小孩多，劳动力缺乏，分配的粮食就不够，这叫作缺粮户。我们家由于小孩多，一直都是缺粮户。

除了父母，两个哥哥大一些后也帮着家里在生产队挣工分。父亲可以拿10个工分，母亲少一些，两个哥哥还未成年，就更少一些。即便如此，我们仍然解决不了家庭口粮的问题，需要花钱去买。

那么买口粮的钱从哪里来呢？

主要的方法就是选择利用春节前后的时间去外地挑货郎担，

用义乌的糖去换鸡毛，然后把鸡毛交到村里抵扣工分。

我的祖先从明清开始，就有在春节期间外出"鸡毛换糖"的传统。父亲也继承了这一传统，年轻时一直从事这个行当。但在20世纪50年代，国家实行统购统销政策，私人经商被限制在很小的范围之内，"鸡毛换糖"成为打击投机倒把的范围。这样一来，农户私下加工糖是违法的，传统的"鸡毛换糖"业务也变成了违法行为。

一直到1970年后，政策才逐渐放宽，社员通过集体审批后，可以拿着介绍信以为生产队收集鸡毛做肥料的名义进行"鸡毛换糖"。虽然有一个合理的借口做挡箭牌，但还是时不时地会被其他地方的人当作投机倒把抓起来，挨打、游街。

这个时间，我的两个妹妹相继出生了。一堆小孩，仅靠赚工分去换取口粮肯定不够。父亲决定还是要冒险去挑货郎担，以"鸡毛换糖"的方式解决口粮问题。父亲带着大哥、二哥和大姐穿行于江西与义乌之间，把换回来的鸡毛运回义乌农村再换取一些吃食，让一家人不至于太挨饿。

我记忆中第一次出远门就是跟着父亲去江西弋阳。那时我才七八岁，不能挑货郎担，只是跟着他们到处走。有时候会一天跟着跑好几十里路，为了能吃上一顿好一点的饭菜。

"鸡毛换糖"通常都在每年春节前后的一个月进行，父亲一般会在腊月中旬就出去，此时正值农村青黄不接，也是我们几个小孩最害怕挨饿的时候。父亲出去后，我们几个小孩子总感觉天冷夜黑，没有安全感。

父亲一离开家，母亲自己也没安全感，生怕家里的东西不够孩子们吃。为了省口粮，她不得不对我们几个小孩"抠门"。平时还能吃到番薯粥和玉米羹，父亲出去的这段时间取而代之的是老菜叶干和番薯藤以及野菜，几天不见一粒大米的情况司空见惯。

记得有一年春节前下大雪，天寒地冻，出趟门都不容易。母亲实在拿不出吃的东西，只好把装在几个枕头里的荞麦壳倒出来，煮烂后吃掉（农村很多家庭的枕头里用不起棉花，都是用稻谷、荞麦等脱粒后剩下的壳来填充）。结果荞麦壳非常难消化，我们几个小孩吃后都好几天大便都拉不出来了。

如果父亲带着大哥二哥出去"鸡毛换糖"，除夕夜则不能回来，剩下我们几个小点的孩子陪着母亲一起过除夕。母亲还会想方设法在除夕那一天给我们弄点肉吃，这也是我们过年最大的心愿之一。

那时肉价大约五六毛钱一斤，不仅需要肉票才能买，还不是随时有，有肉卖的那一天，有钱、有肉票的家庭要去排队，买肉的人都会争着多要点肥肉，因为这样可以榨一点"汁油"出来（我们当地将用肥肉榨出来的猪油叫"汁油"）。有时候母亲会把买回来的肉做点白切肉，味道特别好。后来物资慢慢丰富了，就再也没吃过那么好吃的白切肉了。

除了吃肉，如果母亲还能拿出几分钱给我们几个小孩去代销店里买几串鞭炮，那年味儿就更浓了。

父亲外出的日子，我们的生活更加拮据，所以几个小孩就特别盼望父亲在春节后能早点回家。儿时记忆里最高兴的事情，就是在村口等父亲和哥哥们回家。

　　父亲回家的时间向来很准，约定了哪天回来就一定会在那天回来，一般会在正月初十那天傍晚我就去村口等着。从江西弋阳回来的火车是下午到义乌。每回看到挑着担子的人，我都会快步跑过去看是不是父亲。

　　父亲通常会挑着大包小包的山货，有鸡胗皮（一种杀鸡时从鸡胃里面剥出来的黄色皮，可以用来做中药）、甲鱼壳、牙膏壳、长头发和破凉鞋等。父亲回来后，我会整天跟着他到农村集市口去用山货换钱。每次换完山货，父亲肯定会买几个我一年中只可以吃到一次的面饼。

　　这些山货是父亲偷偷带回来的"私货"，更多的是用糖换回来的鸡毛。由于鸡毛数量较多，而且占地空间比较大，往往会用火车托运，到义乌的时间会晚一两天。等鸡毛到站后，父亲再将这些鸡毛交给生产队换取工分，得到全家人的口粮。

　　除了父亲带回来的山货，在江西的奶奶还会托父亲带一些东西给我们几个孙子辈的小孩。我深得奶奶的喜爱，她专门给我带一些不一样的东西。

　　父亲挑货郎担换得的钱和工分让我们家春节期间的生活有了很大的改善，跟春节前母亲带着我们的生活有明显的不同。

　　那段时间，我们有了粽子和大米饭吃。现在很多人端午节才吃粽子，但当年粽子可是我们春节期间的常规食物。那时候端午节吃不吃粽子，我却记不清了。

　　每到家里煮粽子的时候，我们几个小孩就在灶边一直等，直到把粽子煮熟。有时候会等到凌晨两三点，甚至三四点。其间，我们几个会时不时用锅铲去翻一下，闻一闻粽子的清香。想象马上就能吃到粽子，对我们而言是一种极大的动力。一旦粽子煮熟了，我们就迫不及待打开吃。我记得有一次一口气吃了6个粽子，肚子吃得圆滚滚的。我现在连吃一个粽子都吃不掉，也不知道当时肚子是怎么装下来的。

父亲挑货郎担的另一项重要成果，就是为我们挣到了来年的学费。不过那时候学费极为便宜，一个学期也就一两元钱。

父亲挣学费让我们读书，并不一定要让我们通过读书出人头地。他很朴素的想法是，希望我们多认识一些字，把字写好，能在春节期间给左邻右舍写副像样的春联，他就满足了。

我不太会写字，习惯电脑打字后，就越不敢写，越不敢写就越不去写，恶性循环，以至于我现在看书，只是拿笔做一些记号，并不在上面写字。

我不太会写字，但父亲写得一手好字。

爷爷过世奶奶改嫁后，父亲的童年大部分时间由我太公带养。太公在村里算是小有成就的人，家里也比较宽裕。因为家境还行，太公就比较重视教育，孙辈也就我父亲这一根独苗。父亲甚至在义乌城里的绣湖国小读过五年书，这所始创于1912年的小学，是当时义乌最好的学校。在20世纪30年代的人中，父亲算得上是有"学霸"光环的人了。

在读书期间，父亲酷爱练习书法。因为这个缘故，父亲写得一手好字，他写的字刚劲有力，远近闻名。村里过年过节、红白喜事的对联，基本上都是父亲执笔的。到现在，我还保留着父亲写的一些钢笔字。

我对父亲印象最深刻的一点，就是他很会讲故事。父亲之所以会讲故事，一方面是因为父亲读过书，后来也保持着看书的习惯；另一方面是因为以前义乌农村没什么文化活动，农闲时或者年底，要么请戏班子演婺剧，要么就请盲人来唱"义乌道情"。父亲的故事，很多都来自他听的"义乌道情"。

"义乌道情"是一种用义乌方言表达的古老说唱艺术，说唱的人手里一个渔鼓、两块简板，立定启嗓，唱尽人生百态、历史风流。"义乌道情"起源于明朝万历年间，与绍兴莲花落、温州瑞安鼓子词、杭州评弹一样，成为浙江一带群众喜闻乐见的民间艺术形式。

"义乌道情"当时在义乌很流行，春节前后到处都是各种演出，也算是艺人集中讨生活的一种手段。说唱的人往往一讲就是几天，有的甚至十几天。讲的都是同一个主题内容，相当于现在的长篇小说。听道情的人也不买票，一家一户每天筹点吃饭的钱就可以了，没钱的人家会给点粮食。请到民间艺人后，听众都集中到一个家庭，几十号人在下面听，一个晚上听个两三个小时，久的有三四个小时。

晚上休息前，尤其是暑假夜间屋外乘凉的时候，父亲总是会把他从"义乌道情"那里听到的故事讲给我们听。特别是后面我跟着父亲去江西"鸡毛换糖"的那段时间，一到晚上大家就坐下来围成一圈挑鸡毛，有时候会挑到晚上十二点。这个时间，父亲就一边挑鸡毛，一边给我们讲故事，什么《水浒传》《三国演义》《红楼梦》《薛仁贵》《开封府》……有时还会讲一些义乌当地的民间故事，他都能讲得头头是道，让我们不觉得挑鸡毛的活很苦，反而觉得时间过得很快。

不仅我们几个兄弟姐妹爱听父亲讲故事，生产队里一起干活的社员也爱听，连"鸡毛换糖"时的东家及左邻右舍也时常晚上围着他，听他讲故事。

父亲常年走南闯北，性格和善，遇事不急不躁，人际关系好。不管是生活方面，还是为人处世方面，他都在潜移默化地影响着我。我现在的性格、认知、品格都跟父亲有很大的关系。

猪比人贵

到了20世纪70年代中期，随着政策的进一步放宽，分到社员家的自留地也多了起来，屋前屋后种蔬菜已经很普遍了，鸡也可以多养了。父母还养起长毛兔，紧接着又养了猪。

1975年前后，中央红头文件强调要"大力发展养猪事业"，我们家也开始大力养猪，最多的时候会一次养4头猪。这些猪的粪便是我们家各类农作物所需有机肥的重要来源，年底卖掉猪能获得一笔不菲的收入。

在我的记忆中，母亲把猪看得比人贵重，我们几个小孩平时的闲暇都在给猪"打工"。母亲有时候骂我们，说我们几个小孩还不如几头猪，猪吃了还拉很多屎，可以做肥料，我们什么都做不成。那时候这样骂孩子似乎是家家户户的口头禅，并不觉得奇怪。现在的父母就没人敢这么骂自己的孩子，生怕伤到孩子的自尊心，想想真是一个时代过去了。

早上起来的第一件事，就是去捡鸡粪、狗粪，捡回来往猪圈边的粪坑里一倒，与猪粪混在一起做农作物的肥料。家里一亩自留地的肥料，也是靠这样收集来的。包产到户后，家里农作物的肥料也基本靠猪粪和外地换来的鸡毛发酵。

四头猪一起喂养，个个食量都很大，每天都要给它们准备好几大筐的猪草。猪食的一部分来源，是家里种的蔬菜的附属物，如菜叶、藤，但是四头猪的需求量，远远大于附属物的供给，这就需要大量地从野外割草来喂猪。父母跟大哥、二哥基本上都忙地里的农活，割猪草这些小活，就落在了我和两个妹妹身上，割猪草也是我们童年生活中重要的一部分。

农村孩子割猪草的年龄，大概跟上学同步。我们放学后，根本不像现在的孩子这样努力写作业，而是到家就干活，其中最主要的就是到处去找猪草、割猪草。

我们每天都要拿个小筐子去找猪草，每人一把镰刀、一个背筐，一放学回家丢下书包就开始干了。不仅我们家，左邻右舍家的孩子也是如此。我和妹妹们一起割猪草，会相互比速度，看谁割得快，找的地方好。有时候我割得快，就把妹妹们的背筐也割满。有时我们回去时背筐没满，母亲就会吓唬我们说，任务没完成就没有晚饭吃。

我们会选择到田坎边、地里、荒坡、崖边去割草，但不能老在一个地方割。那时年龄虽小，但已有"分区管理"的概念了，比如今天去了这块地，明天就换个地方，这样不断调换，等这块地的草割完了，另一块地的草又长起来了。哪里猪草多，哪里少，我们这些割草的孩子们心里都十分清楚。

即便这样，因为家家户户的孩子每天都在割草，村里的草根本不够割。这时我们就需要走好几公里，去更远的山坡上去找草。我们会拉个板车去一整天，割满一车猪草，可以解决三五天猪喂养的问题。

在我的记忆中，一种叫"革命草"的空心猪草是最容易得到的，我们会经常去池塘里捞。

革命草学名叫空心莲子草，是伴随着日本侵华的足迹来到中国的，主要用来给战马充当饲料。物资匮乏时期，革命草曾作为猪饲料在长江、黄河流域的局部地区推广种植。革命草有超强的适应能力和繁殖能力，会根据环境的不同来改变生长习性。如果是在水资源丰富的地区，就直接长在水里，然后再慢慢往旱地蔓延。如果干旱少水，它也能生长，甚至还能在其他水草不能生长的臭水沟里泛滥。所以革命草被叫作世界上最糟糕的杂草，会使水稻、小麦、玉米、番薯等大量减产。

割猪草的记忆我很难忘记，就是几十年后的今天，割猪草时认识的一些草名我都还记得很牢，能随口报出许多草的名字，比如折耳根、鱼鳅串、野旱菜、荠菜、鹅儿肠、空豆花、马齿苋等。时光荏苒，当年用于喂猪的草，一部分已经变为饭桌上的蔬菜了。有时候我在酒店吃饭时，常跟年轻人开玩笑说，今天我们吃点以前猪吃的食物，忆苦思甜。

割草有时候会受伤，刀割手指头流血的事情是最常见的，甚至也会遇到危险。每次割了手，小伙伴们都是相互帮助，有的用手使劲按着伤口，有的去找棵桑树砍一刀，将桑树流出的浆涂在伤口上，一会儿血就止了。

春暖花开之后，冬眠的蛇开始出洞。有句谚语叫"三月三，蛇出山"，就是说到了农历三月初三以后，割草的时候很可能会遇到躲在草里的蛇。一旦遇到蛇，我们就会吓得到处跑。尤其是女孩子，下次再也不敢去那里割草了。作为男孩子，其实我也害怕，但是没办法，还是得硬着头皮去割。我印象最深刻的一次，是在一个小山坡上，道路很窄，我刚走一小段，就发现一条大蛇躺在路上。没等蛇动，我就吓得拔腿就跑，鞋跑掉了都不知道。脚丫子踩在石头上磕了好几个洞，流了很多血。过了好长时间，我才鼓起勇气去捡慌张跑路时落下的镰刀和篮筐。因为这种记忆，蛇成为我在众多动物中最害怕的一种。

除了各种野草和家里种的蔬菜、叶、藤，我们还需要找其他东西作为补充。

我们家对面的国营农场种了一大片的菜，我们会偷偷地去把坏掉的菜叶摘下来。三五公里之外有大片的番薯地，番薯快成熟时，藤下面有枯叶，我们会去把它们收集起来，拿回家洗干净后煮熟喂猪，这也是非常好的猪食。冬天，我们还会去种过番薯的地里扒找遗落的番薯，有时候一天能找个几十斤。几十斤番薯可比一车猪草有价值，不仅猪可以吃，人也可以吃。

秋收后，一些农户会在水稻割掉后的田里撒上紫云英，用来肥田。撒过紫云英的地方，往往会遗落水稻脱粒机掉下的水稻颗粒。到了春节前后，遗落在田里的大部分水稻颗粒会被老鼠吃掉。如果没有被吃掉的话，我们会用刷子把这些颗粒刷起来，一粒粒收到筐里。一天下来，也能收一大筐，可能有十几斤。哪怕老鼠吃过也没关系，因为老鼠只吃里面的大米，但外壳它不吃。壳被我们收集起来，洗干净放到锅里，煮好后再喂给猪吃。

天生商人

几百年前，义乌人就走出义乌，前往全国各地走街串巷做生意，可以说，义乌人骨子里就有经商意识和崇商、重商、善商的传统。

我的商业思维的形成，一方面深受义乌传统崇商精神的影响，另一方面更多源自从小跟随父亲"鸡毛换糖"的启发。在长期的打拼中，我会很自然地利用一切可能的商机不断突破自己原有的领域。

从小学二三年级起，我就想尽一切办法赚外快，直接动力就是要买一双"解放"鞋。

我们村后挨着浙赣铁路，铁路边上经常有散落的焦炭，那是火车开过时掉下来的。每次在上学和放学回家的路上，我都拿上一条小布袋，沿着铁路跑几公里去捡焦炭。有时候忘了拿袋子，我会把捡到的焦炭放进书包里，导致我的书包和书本又脏又黑。

乡政府边上有一个铁匠店，愿意回收这种焦炭用来给铁加热，于是我就把焦炭拿到铁匠铺里卖掉。每次能捡到几斤焦炭，就能换到几分甚至一两毛钱。

靠着捡焦炭积累起来的钱，我买了人生第一双"解放"鞋。

1976年，我年满11岁，这年二哥和大姐不再上学了。家里的境况在他们参加生产队劳动后有所好转，再加上政治运动趋缓，村里粮食产量开始提升，家里缺粮的情况得到了很大的改善。

这一年令我印象最深刻的事情，是党和国家领导人周恩来、朱德、毛泽东相继去世，全国处在一片悲痛之中。毛主席去世时，乡政府也设置了灵堂，我跟着父母一起去吊唁。我们村到乡政府那条小公路上，到处都是去吊唁的人，一个村庄连着一个村庄，大家气色凝重，胸口都统一戴着白花，有的手中还拿着菊花。

1976年10月14日，党中央公布了粉碎"四人帮"的消息，全国人民奔走相告，兴高采烈。在地球的另一端，苹果公司在这一年推出了首台个人电脑。

从那时起，我在节假日不上学的时候，开始随大哥到附近的国营农场去打工。由于长期营养不良，我黑黑瘦瘦，身材矮小，农场的大部分活都做不了，我只能拼命去做一些适合我做的事情。

也就是从这时开始，我真正开始了自己的商业探索之旅，由此也发掘出了自己经商的天分。

每年7月10日到15日是义乌早稻的收割季，早稻收割完后就开始播种晚稻。在这短短半个月的时间里，我们既要把早稻收完，也要把下一季晚稻种上，这个过程就是农村人常说的"双抢"——抢收、抢种。

因为时间非常紧张，需要很多人手，这样不少小孩子就要去帮忙干点活。离我们村两三公里的地方有一个义乌良种场，我在那里找到了我的第一份工作——捡稻穗。捡稻穗，顾名思义就是在别人割完稻谷后去捡遗漏下的稻穗，或是把从脱粒机漏到田里的稻穗拾回来。

一天下来，尽管很辛苦，腰常常会在晚上直不起来，但所得不错：一毛二分钱。那时候一毛钱可以买到二两猪肉，相当于生产队的两个工分，这对于小孩子来说是非常了不起的事情。

不过这个"工资"不是当天结算，有时候可能几个月都没有到手。为了早点拿到钱，我天天跑到良种场的场长办公室求他们，有时候会叫上一堆小孩一起去。在我的组织下，场长很快答应了我们的要求，"双抢"一结束马上给钱。所以我那年暑假打工挣到的钱就买了一双"解放"鞋。

这种尝试也激励了我从此走上用双手改变命运的道路。从那以后，我基本上除了吃饭，一切开销都尽量靠自己。这种从小能自己解决生活问题的成就感，是那些"啃老族"所感受不到的。

国营农场的池塘两边种了很多乌桕树。一到秋天乌桕树的叶子变红，很漂亮，还会结一种白色果子，可以摘下来榨润滑油。

我经常爬这种树去摘果子，可以卖几分钱一斤。但乌桕树的枝干很脆，如果人上去没踩好，树枝就会断掉，人也会摔下来。树下面是莲藕池塘，我经常是光着上身去爬树，掉下池塘常会被莲花的刺扎出一道道血痕来。

由于这些乌桕树是农场的，不能正大光明去采果子，只能偷偷去。有一次，我们三个小伙伴去采果子，结果遇到有人来抓。我跑在最前面，跑得太快不小心被绊倒在稻田的沟里，而后面两个人一边跑一边回头看，根本没注意我已经倒地了，直接就从我背上踩了过去。我被踩得浑身都是泥，头也闷在泥里，差点缓不过气来。回家之后，被父母一顿暴打。不过这种暴打对我来说也算稀松平常，没几天就会有一顿。

为了挣一点钱，我还去过县城边捡一些城里人不要的破铜烂铁、烂凉鞋等，拿到废品收购站卖。换到钱以后，我会上交一部分给家里，父母也会奖励一点给我们去买糖吃。

上学途中，我看到小山坡树上有野榛子果可以拿来榨油，就收集起来卖给粮管所。看到野外有蓖麻籽，我会用书包装回去放在窗台上晾干，也卖给粮管所。甚至看到地质队在我们村打深井有漏出来的柴油漂浮在水面上，我也会用瓢把浮在水上的柴油收集起来装在桶里，再让父母挑回家。过滤之后，可以拿这种油当燃料煮猪食。

我就是这样，削尖了脑袋到处找能换取的资源。现在回头看，这其实也是一种最原始的危机意识和创业意识。

现在许多年轻人喜欢习惯性抱怨生活，原因在于没有生存的危机感。我一直认为，人在没有压力和危机的情况下感受不到真正的幸福，只有自己经历磨难，才会对争取到的成果珍惜。只有自己经历了坎坷，才会对自己的人生意义有更多的感悟。许多人了解到我的经历后会惊讶地问我苦不苦，我说"不苦"！确实是不苦，因为劳动再苦总比饥寒交迫要好，总比整天饿着肚子要舒服。

路边的农药瓶

所谓抓住商机，首先你得要有商业意识，如果连意识都没有，很多商机就会与你擦肩而过。商场有时就如同捕猎场，要想获取更多的猎物，成为好猎手，就必须细心观察、伺机而动，抓住一切可能的机遇。

我在儿童时期对商机的体验并不总是成功，有时候甚至还遭遇到生命危险。因为一直在寻找各种能挣到钱的办法，我总是会随时随地观察周围的环境。

在一个稻花飘香的午后，我在放学回家的路上无意间发现稻田边上横七竖八丢着一堆农药瓶，这马上引起了我的注意，我就想能不能拿这些瓶子卖钱。

我至今还记得瓶子上写的是"歌山农药厂"，产品标签的最下面写了厂方地址。我也不知哪来的勇气，回家就兴冲冲跟二哥说，要不要去农药厂问问回不回收这些瓶子。二哥知道这个地方，说来回一趟六七十公里，太远了，表示兴趣不大。我跟二哥算了一笔账，如果农药瓶全部被我们收集起来，每个能卖出去一毛钱，就是一大笔收入，比我们做其他活都强。二哥心动了，说愿意跟我一起去问问。我们费尽力气跑到厂家，没想到他们还真愿意回收这些瓶子。虽然价格没有一毛，只能给五分钱一个，我们一听，赶紧答应下来，要知道那时的五分钱已经不少了。

本来精疲力竭的我们，一下就来了精神，回程的三十公里路走得特别轻松。回到村里，我跟二哥马上跑到田间地头寻找农药瓶，半天的时间就捡了一百多个农药瓶。

这么多农药瓶，人是搬不动的，于是我跟二哥就推了家里的独轮车，像以前一样，二哥推车，我在前面用绳子拉。

歌山农药厂在金华的东阳，从我们家过去可不是一段短路。我们哥俩走一会儿，休息一会儿，中途下一个小坡时车速没控制好，结果我被独轮车挤压在路边的一棵树上，我的一根手指被撞裂了，车柄撞到肋骨，疼得我躺在地上一个小时不能动。二哥待在旁边也没办法，只能时不时帮我轻揉。有好心的村民路过，简单用破布给我包裹一下伤口，让我多休息。

但是农药瓶还得继续运送，否则这一路就白辛苦了。过了一个多小时，我缓过劲来，从地上站起来，拍了拍身上的土，和二哥继续赶路。当时并不知道自己受伤多严重，几年以后我报名参军体检时，才发现肝部有严重的损伤，估计是那次遗留下来的问题。

这次卖农药瓶，我和二哥足足挣了五六元钱，两人一人一半，都是一笔大收入。父母见我们自己一两天能挣这么多钱，也不干预，由着我们继续"干事业"。

但光靠个人捡农药瓶，所得毕竟有限，我就想到"规模化运营"，也就是自己做老板，让别人去捡，我和二哥只收购，赚取中间的差价。这样虽然在单个瓶子上赚得少一点，但是规模一下大了很多。现在回想起来，我最早做的生意如果不算"鸡毛换糖"，应该就是收购农药瓶了。

我依然和二哥合作到更远的村子去收购，不到半个月就收了上千个农药瓶。我们的收购价是两分钱一个，卖出价是五分钱一个，一次就赚了三十多元钱，这对家庭来讲是一笔大钱。我们全部上缴给了母亲，用于家里造房子。

然而，收购农药瓶的事情很快就戛然而止了。

我们收购农药瓶后，要把农药瓶外面的包装纸撕掉，把残余的农药倒掉，洗干净瓶子，这样我们天天就要近距离接触农药。那段时间，我们家房前屋后全堆满了农药瓶，农药的气味非常重。一段时间后，母亲发现我和二哥的脸都肿了，连忙让村里的医生看，竟是农药中毒了。这一下母亲意识到我们做的"事业"很危险，马上严令禁止我们再继续做。

我和二哥的脸肿了半个月才好。之后，我想着还是得找点事情做挣钱。

一次，我和二哥发现村里废弃的防空洞里进水后会聚集很多泥鳅，于是就把防空洞里的水一盆一盆舀出后抓泥鳅。多的时候我跟二哥一次抓过100多斤。母亲会把泥鳅的肚子破开，清理掉泥及内脏，然后红烧或煮着吃。因为泥鳅多，如果一条条收拾工作量太大，母亲就想了一个偷懒的办法：在放泥鳅的篮筐撒一把盐，等泥鳅都死了再晒干。后面家里如果没菜，母亲就拿这些干了的泥鳅来做菜。

我从小就是这样，变来变去想办法去改变自己的生活。其间有我对商机的洞察，有对解决各类问题的思考，这对我后面创业大有益处。

当然，我一天到晚想着怎么挣钱，心思自然在读书上就放得少，成绩便好不到哪里去。小学五年级升初中考试时，我没考及格，被迫留级一年，第二年才考上福田中学。

所有科目里，我学得好一些的是语文。因为我喜欢阅读，作文一直写得不错，多次得到老师表扬。到后面即使不上学了，我也一直保持着阅读的习惯，抓到什么书就看什么书。后来经商去外地坐火车，我都习惯性带着报纸。我的知识能不断得到积累，喜欢阅读是重要原因。

就像宋代诗人丘葵说的"未信此身长坎坷，细看造物实玄微"，我也未曾想过自己要经历那么多的苦，但现在回头一想，每一种苦难都自有它的意义。

童年时哭声多、笑声少，作为男孩子，很多时候是闷着把泪往心里流。现在很多认识我的人都知道我爱笑，而且是爽朗的一连串笑。很多网友听到我的笑声，总是给我留言说，"楼总，您的笑声太感染人了，您肯定是一个快乐的人"。

是的，那时我笑少了，现在就应该多笑，快乐地笑。

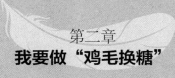

第二章
我要做"鸡毛换糖"

凡不是就着泪水吃过面包的人，
是不懂得人生之味的人。

——歌德（Johann Wolfgang von Goethe，1749—1832），德国著名文学家

"鸡毛换糖"是义乌商业史上浓墨重彩的一笔，我和我的祖辈都参与其中。"鸡毛换糖"体现了义乌人毫厘争取、积少成多、百折不挠的创业精神。这种商业交换的最初形式，很大程度上是义乌的自然环境和社会环境共同作用的产物。

义乌的红糖

历史也好，传奇也罢，提起义乌人和义乌市场，就会让人联想起"鸡毛换糖"。

我的家乡义乌，如果真要去剖析其能成为"世界小商品之都"的原因，我认为"鸡毛换糖"的精神功不可没。准确来说，"鸡毛换糖"是从客户视角的一种叫法，从义乌生意人的视角应该叫"糖换鸡毛"，就是用义乌人自己产的红糖去换外地人的鸡毛，然后把换来的普通鸡毛当作农田的肥料，另一部分上等的鸡毛加工成日用品或工艺品，如鸡毛掸子，再转手出售获利。

义乌盛产红糖，且历史悠久，是义乌三大特产之一（其他两个分别是火腿和南枣）。

明末清初时甘蔗被引进义乌种植。据《义乌县志》载："本县种蔗历史悠久，面积、产量居全省首位，所产红糖久负盛名。距今已近400年的历史。"义乌"黄培记号"生产的红糖在1929年西湖博览会上荣获特等奖，成为当时标志性的地理产品。

义乌红糖的制作是以本地甘蔗为原料，用木车牛力绞取蔗水，再用铁锅熬制。其中，用木车牛力绞糖一直延续至20世纪70年代，而古法铁锅煎熬制糖一直延续至今。具体来说，义乌红糖制作技艺主要分为选料、榨汁、煎熬和风干四个流程，包含20多道技术工序，需制糖师傅凭实践经验，以察颜、观色、手感、味觉、舌试等方式掌控每一道工序。

在我的记忆中，我们这一代人用甘蔗制糖有几次升级。初期是原糖，就是把红糖煎好之后，放在糖盘里冷却，形成原糖。原糖比较硬，一块块的就像岩石，也称为块糖。到后来技术进步后，在熬制过程中加入小苏打，块糖就变成粉糖，跟我们现在看到的红糖没什么两样。

在我儿时的记忆中，义乌漫山遍野都是甘蔗，原因是这个地方旱地多、水田少，种甘蔗产量高、效益好。用一亩地种甘蔗可以产出上万斤甘蔗，再产出上千斤红糖。但是如果用一亩地种水稻，亩产顶多几百斤，因此在那个年代，义乌把红糖生产作为主要经济支柱。

义乌的红糖熬制

义乌种的是糖蔗，跟现在很多人吃的果蔗不一样。糖蔗特别甜，如果手上沾上糖蔗的汁水，会明显感觉到很黏。糖蔗的含糖量非常高，一般可以达到15%~17%。一般甘蔗的100斤汁水只能榨出来八九斤糖，但糖蔗却能榨出15斤左右。

一般的家庭把红糖制出来后，会放在家里一个大缸里，用布盖起来，然后再用稻草绳捆好，放在阴凉处。因为家家户户的红糖产量都很大（一家每年产红糖可能就达到三四千斤），这就出现一个问题：家里人吃不完，有大量剩余。又因为储存条件有限，红糖不能久放。冬季制完糖，如果到了春夏天还没有卖掉，就会逐渐融化掉。因此，每年农历十一月底到十二月初红糖制出来之后，必须尽快交换掉。

因为义乌家家户户都有红糖，彼此对红糖没有需求，无法实现"内循环"，只能走出义乌，到其他地方去进行交换。因此在春节前后，义乌家家户户的劳动力就挑着货郎担出门，出现了敲糖换鸡毛的"行商"队伍。

据《义乌县志》记载，早在清乾隆年间，本县就有农民于每年冬春农闲季节，肩挑"糖担"，手摇拨浪鼓，用本县土产的红糖饼走街串巷，上门换取鸡鸭鹅毛，以取微利。

为什么会选择春节前后去从事这项工作？主要是因为以往经济条件所限，农户平时不会杀鸡杀鸭，一般会集中在春节前后，为了过个相对好的春节。外地农户认为鸡毛无用，也不知道如何处理，但义乌人把鸡毛当作宝贝，其中一个最重要的用处就是用鸡毛做肥料，提高作物产量。

俗话说"庄稼一枝花，全靠肥当家"。义乌东乡和部分北乡地区的土地瘠薄，作物产量低下。早在南宋时期，义乌农民为提高田地产量，便创造了用鸡毛、鹅毛、鸭毛、头发，拌和焦泥灰、人粪、猪粪制成的"禾毛"，再把"禾毛"塞秧根作肥的方法。毛发富有高蛋白，含有氮、磷、钾三元素，以氮为主，是上好的有机肥料，能改良土壤，形成团粒结构，肥效也长。在缺少化肥的年代，氮素肥料弥足珍贵。义乌的祖辈们发现，田地如果用了"禾毛"后再种甘蔗，产量可以提高一倍左右。

因为交通工具所限，我们祖辈会先到附近东阳、诸暨等县市去换，远一点也不过到衢州一带。有了现代交通工具特别是有了火车之后，"鸡毛换糖"范围就大大扩展了，形成了一个以义乌为中心的"行商"网络，足迹北至淮河两岸，南及湘江源头，东临甬温沿海，西达鄂川山区。我父亲就到过江西很多地区，村里的人到福建、安徽、江苏的也有，有的还到了湖北、湖南。

火车的出现，让我们从事远距离的"鸡毛换糖"成为可能，换回来的鸡毛又可以用火车托运回来。这种便捷在我们祖辈那里是不能想象的。

然而到1958年后，按照人民公社"一大二公"的要求，村里实行统一分配、统一经营，开始严格禁止劳动力外流。在这种情况下，"鸡毛换糖"受到了严重的影响，被迫暂停。

人们在艰苦环境下求生存的需求是很强烈的。1961年前后，义乌人又开始外寻出路，"鸡毛换糖"再次兴起，义乌货郎担的发源地廿三里又出现了鸡毛与废旧品集市。

与此同时，政府也表现出了对"鸡毛换糖"行当的开放态度。浙江省商业厅和财政厅于1961年下达《关于支持公社、生产队集体换取鸡毛等杂肥问题的联合通知》之后，义乌立即发布《关于安排生产队利用农闲季节集体外出以小百货换取鸡毛杂肥的通知》，而且发放了临时许可证和购物簿，凭簿可向百货公司或供销社批购、购买换鸡毛的小百货，生产队也对外出从事"鸡毛换糖"的社员发放了很多副业许可证。

不过，外出的社员并不是完全自由交易，而仍属于"集体"的一部分，要通过上交换来的鸡毛记工分，为生产队做贡献。对于无证经营的社员，义乌专门成立了"打击投机倒把办公室"。一旦被查到，就需要参加"学习班"，"交代问题"。

对外出"鸡毛换糖"的社员发放许可证的做法，延续到了20世纪80年代初。在义乌档案馆，能看到1980年义乌县工商行政管理局下发的《关于颁发小百货敲糖换取鸡毛什肥临时许可证的通知》，上面写道：

> 为了贯彻落实中共中央〔1980〕75号文件，搞活农村经济，促进农副业生产发展，发挥优势，根据我县传统经营"小百货敲糖换取鸡毛什肥"行业，利用他们串乡走户，收旧利废，变废为宝，灵活经营的特点，恢复颁发已停发多年的"小百货敲糖换取鸡毛什肥"临时许可证。

文件规定，外出人员统一由生产队申请，大队审查，公社审核同意，县工商局核发许可证。各区工商所要指定专人负责。

同时，为了减轻在外阻力，义乌县工商局向货郎活动频繁的江西、湖南、安徽、福建等毗邻省发出了"请予支持和管理"的公函。

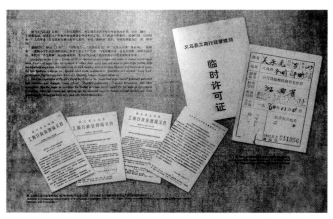

义乌县政府发放的临时许可证

从此，外出"鸡毛换糖"的农民，在邻省异乡更加大胆地放声吆喝。时隔多年后，有人把这些持证货郎称作中国专业市场史第一批正统的创业者，把许可证的发放比作小商品市场落地前的一声啼鸣。

饿肚子，造房子

1973年，大哥18岁，到了娶妻生子的年龄。对于农村家庭来说，父母为儿子准备婚房是头等大事。

可现实是，我们一家八口只有一栋三四十平方米的木结构老房。

母亲是一个非常要强且性格刚烈的女人。她早几年就开始一门心思想着为我两个哥哥造房子，她的态度非常决绝，砸锅卖铁也要为大哥造房子娶媳妇。而父亲是一个活在当下的人，性格比较柔和，在村里从不说过分的话，对邻里都是和和气气，不与人较真。我的性子，一部分像母亲，一部分像父亲。

父亲的想法是，家里还不具备造房子的条件，先把饥饿问题解决，让家里人吃饱穿暖更重要。

父亲和母亲就因为造房子的事情产生了分歧，他们经常吵架，吵到最后我们兄弟姐妹几个都搭不上话，就由他们去吵。最终的结果是父亲撂下一句话："要造你自己去造，我不管"，母亲也倔强回应他："不要你管，我自己来！"

造房子首先要有宅基地，宅基地要么是自家的自留地，要么到生产队里去争取。由于父亲不同意造房，既不愿意用自己宅基地造，也不愿意出面找生产队争取。母亲只能咬着牙一趟一趟地往生产队跑。最终生产队一众干部被母亲的坚毅所打动，为我家争取到了一块山地地块,位置朝着东北,而非理想中的朝南。位置虽然不太好,但至少是有了块宅基地。

义乌属于丘陵地带,很少有平地,一个村庄的房子高高低低,落差有的会达几十米。母亲争取到的这块宅基地,处在山地上,要造房子就必须将落差七八米的岩石和土都平整好。

一位母亲下定决心为孩子做一件事情的时候,旁人很难想象那种坚毅有多强。

小个子有大能量,这一点我更像我的母亲。

母亲白天要到生产队做工8~10个小时,只能利用空闲时间去平整地基。她每天早上四五点钟就起床,赶在上工之前去凿山坡的岩石;下工后她吃完晚饭又继续去凿。她就这样利用一早一晚的时间,拿着榔头和铲子一点一点把岩石凿下来,再用簸箕把岩石挑到200米开外的一个池塘里。这是一项类似"愚公移山"的浩大工程,以至于岩石凿完时,池塘的三分之一都被填满了。

母亲有时也会拖着我们几个小孩一起去凿岩石,但我们实在起不了那么早,她就会死拉着我们起来。有时她把岩石打得半开了,但因力气有限,就凿不下去,这时父亲会偶尔帮她一下。

就这样,母亲差不多没日没夜做了大半年,像个"疯婆子"。

父亲本来是想让母亲知难而退,没承想她居然咬紧牙关如此坚持。这种母性的伟大,让我多年以后想起都心有愧疚和敬佩。

到了第二年,父亲于心不忍了,于是只要有空就带着全家人去凿岩石。我们一家人连续挖了两三年,终于把那块宅基地挖了出来。后来村里引进沼气池，我们家的沼气池平面有二三十平方米，深度四五米，也是这样一点一点自己挖出来的。

在平整宅基地的后半段，父母开始着手准备造房子的材料了。

材料没钱买，只能尽量就地取材。沙子取自义乌江里的沙石，从我家宅基地到义乌江边，约有2公里路程，大人用独轮车拉沙，我们小孩子挑不动，就用小担子一点点挑。

为了弄到廉价的石灰，父亲带着我们三兄弟步行到诸暨牌头镇的石灰厂去拉。往返诸暨的路很不平，父亲和大哥各自拉着一辆独轮车，我跟二哥则在前面拉绳，一路颠簸，一趟拉个三五百斤。有时候母亲也参与，带着大姐拉一辆独轮车来回运输。

从我们家到诸暨单程大约有40公里，我们早上四点就得起床，来回得十几个小时，一天只能运一次。小孩子一趟走下来，脚底全是水泡，但第二天还得继续干。如果途中水泡破了，我们也不敢吭声，因为吭声也没用，反而会受到父母的批评，说这点苦都受不了，以后还能做什么。

那个年代造房子极少用砖，因为烧砖或者买砖很贵。造房子也不请师傅，基本就靠自己家里人再加上几个亲戚。等沙子、石灰到位，混合上地里挖的黄泥，就是造房子用的"三合土"。

搅拌三合土是件很苦的差事，要赤脚上阵。三合土里面的石灰很呛人，而且腐蚀性很强，踩久了脚就烂掉了，一烂就是好几个月，我脚上至今还有那时留下的疤。

等三合土搅拌好后，再用木板夹起来，然后用很重的木头捣严实，等干了成形后，再把夹板打开，这就成了一面墙。如此这般，完成房子的全部墙体。

尽管母亲一直想省钱，但无论怎么省钱，生石灰、木头等材料总得要花钱。为了能尽早盖好房子，母亲瞒着所有人把家里能够换钱的东西都拿去卖掉了。

住在旁边的堂奶奶经常跟我们兄弟姐妹开玩笑说："你们妈养的母鸡是不下蛋的！"实际情况是，母鸡一下蛋，母亲就偷偷拿到市口卖掉了。不仅是鸡蛋，母亲还会把家里仅有的一点小麦、荞麦、枣等拿去换钱，挖空心思积攒造房子的钱。

本来家庭生活条件就不好的我们，因筹钱造房子更是陷入了极端的困苦。我们几兄弟个子都不高，跟那时吃得太少，饿着肚子造房子有一定的关系。

造房子除了土墙，顶部还需要一些木梁组成三角拱架作为支撑，上面再盖上瓦片。一般来说，一间房大约需要10来根房梁，其中中间一根是主房梁，其他是副房梁。主房梁粗一些，直径要20厘米以上；副房梁可以细一些，直径在15~18厘米。

房梁是一笔大开销。我们饿肚子换来的钱，大部分都是拿去买房梁了。买房梁这个事情是母亲偷偷去做的，她也不敢把买到的房梁木头放在家里，怕被我们发现，就寄存在我们隔壁村的一个表姨妈家。

一开始几根房梁放在表姨妈家倒也无所谓，到后来放了七八十根房梁人家就不高兴了，催母亲尽快运走。表姨夫是一个木匠，母亲就承诺他，等开始造房子时，所有的木匠活都让他去做，他们这才同意让母亲继续把房梁放在他们家。

母亲规划的新房子是楼房，层与层之间的楼板不用混凝土用木头，这也需要母亲一点点去准备。等到父亲发现母亲偷偷准备木材时，三间房子的梁和楼板木材都已经备齐了。

我们家造房子有点像蚂蚁搬家，有点钱就买点材料动工，没钱就停工，前前后后花了三年多的时间。到1976年，家里给大哥准备结婚的房子终于造好了。有了房子就有了底气，大哥经人介绍认识了嫂子，两年后顺利结婚。

打懂事起，我印象里母亲身体就不好，开始是气管炎，后来又是心脏病。为了房子的事情，母亲耗费了大量的心血，其间生病发烧都不舍得花钱去看医生，不舍得买药。我姨妈给她打针的针剂都舍不得买，总是自己去田间地头挖一些马兰头根和其他草药，煮好后当药喝。

说来也奇怪，尽管母亲身体一直不好，但她活到了89岁，已经是高寿了。义乌当地有句俗语，说破罐子破摔反而摔得久，"病秧子活得更长"。父亲从来不生病，连个感冒都很少有，上了年纪后一次感冒查出肺癌，很快就过世了。

现在村里人每每说到我母亲，都评价她是村里生产队最勤快、最能吃苦的人。

等到二哥造房子时，国家已经改革开放了。我们的家庭环境也改善了很多，大部分造房子的工作开始请专业的人士来做，再也没有那种饿肚子造房子的体验，也不愿意再有这种体验了。

后来我自己办厂挣了一点小钱，在1996年也建了一栋每层3间的6层厂房，从此告别了租厂房的日子。不过这栋房子，在2001年后被拆掉，因为房子正好就在"义乌国际商贸城"的规划区域内。我自此搬到北苑工业区，以前的房子早已湮没在历史长河中，只能凭着回忆去追想当年的艰苦岁月了。

去江西

艰难的岁月，总是难以承载欢声笑语。

母亲一心造房子的那几年，她与父亲吵架成了家常便饭。母亲一天到晚要么埋着头苦干，要么就与父亲争吵，也顺道责骂我们几个。但母亲年龄大后，特别是我父亲去世之后，就完全变成了另外一个人，越老越慈祥，善解人意，什么事情都想着对方。

大部分情况下，在母亲骂骂咧咧时，父亲都不吭声。但记忆中有一次，父亲在外面回来心情本就不好，回家母亲又一顿责骂，他的脾气上来，顺手拿起一个罐子摔下去，结果失手砸到母亲脚上，母亲满脚都是血，把我们几个小孩吓得不轻。

小时候我们几个小孩对母亲都有深深的恐惧感，尽量避免单独出现在她面前。

随着大哥成家搬出去，二哥去学铁匠，父亲出去跑生活，我和两个妹妹在家就越发显得诚惶诚恐，生怕哪个地方刺激到了母亲。

母亲整天忙得不可开交，对我和两个妹妹的养育基本上就是保证我们不被饿死，别的无暇顾及。这是那个年代很多家庭的养育方式，也是一个时代的苦难，残酷却无奈。

这种环境让我有尽早离开的强烈愿望，小学毕业后我就明确表达不想再上学了。再加上我的学习成绩本就不好，到初中后更是厌学，心思已经放在了早点去赚钱、去改善生活上了。

但我的这些想法遭到父亲的强烈反对，他希望我能多读点书。

1979 年春节，在跟父母多次抗争后，读了两年初中后的我还是决定不上学了，我要出去闯荡！

去哪里？去江西！

因为奶奶改嫁后最终定居在江西，那里算是我们的大后方。尽管这时奶奶已经不在了，但江西仍然给了我很大的安全感，也是我唯一想闯荡的地方。

我七八岁时，父母就带着我们几个孩子一起去过江西。与其说是去看奶奶，不如说是去奶奶那边寻求救济。

那段时间奶奶那边正在修水库，恰逢农闲，父亲刚好有参与修水库的经验，就临时揽了一些活做。尽管一天下来工钱不过一两元，但对我们家庭已经非常重要了。

小时候去江西的印象已经非常模糊了，唯有一点记忆深刻：奶奶很疼我，经常给我吃很多好吃的东西。我在特别艰难时，想起奶奶就如黑夜中有一道温暖的光。现在当我在品尝好吃的食物、好用的产品时，脑子里常常想的是："要是奶奶还在世该多好！"

那年春节前夕，在刺骨寒风中，我跟着父亲搭乘 12 小时的绿皮火车到了三百公里外的江西弋阳县，开始了我的闯荡生活。

所谓闯荡，不过是继续父辈们的"鸡毛换糖"行当。我们义乌走出去的这批人，也被人称为"敲糖帮"。

《义乌县志》记载，抗日战争前夕，义乌廿三里成为"敲糖帮"中心。"敲糖帮"内部分工，以老路头为首形成商帮体制，下辖 5~7 个挑担，挑担之下有 5~7 个年伯，年伯之下有 5~7 个担头，似宝塔形的商帮组织。至民国时，义乌"敲糖帮"有一万余人，是一个庞大的商人群体。

从事"鸡毛换糖"的人，一般寄宿在农户家里，我们称这些农户为"东家"。奶奶在世时，人缘很好，在江西结交了很多当地的朋友。我随父亲到江西开始加入"敲糖帮"时，住在奶奶的干姐姐家，我称她为姨奶奶；在另一村还有奶奶的一个干姐姐，我们有时候也会住在她家里。

在江西"鸡毛换糖"，大体上都是晚上住在东家，第二天一早挑着货郎担四处收鸡毛。收鸡毛时，我们会把刚刚宰杀鸡后脱掉的毛拧干，以大幅度减少重量。之后，再用稻草将鸡身上最好的毛（我们称为"三把毛"）一捆一捆扎好，放在我们的货郎担里。晚上回到东家后，我们会解开稻草，将收回来的鸡毛放在堂屋里晾着。

等累积到一定的量，我们会统一运到晒场上晒干，再用麻袋装起来。为什么不是每天把收来的鸡毛放在晒场上晒干？原因很简单，我们白天要出去收鸡毛，如果遇上下雨，无法及时赶回来收，鸡毛就只能淋雨发霉变坏。

我们的东家就在方志敏烈士的村庄。父亲和看守方志敏烈士故居的人处理好关系，把故居租过来晾鸡毛。多年以后，当我带着孩子重回这里时，故居已经修缮一新，成为红色教育的好场所。

春节后，我们会用板车顺着这条线路把寄存在各地的鸡毛运回弋阳，晾晒后打包用火车托运回义乌荷叶塘。装鸡毛的麻袋都很大，一包大概有百斤，堆在一起蔚为壮观。

已修缮一新的方志敏烈士故居

　　我们坐火车先回义乌，几天后，托运的大包小包鸡毛也到了义乌，我们再用独轮车从火车站一包包运回家里。

　　我在江西开始闯荡时，改革开放刚刚开始，"鸡毛换糖"逐渐开始商品化。这时，"鸡毛换糖"的最大价值已不在肥料上了，我们会挑选出一些上好的鸡毛换钱，这成为主要营收。这个时期，我们除了换取鸡鸭鹅毛，还会换取一些当地的"山货"，比如鸡胗皮、甲鱼壳，还有牙膏壳、长头发、破凉鞋、破蓑衣等废旧物，这些东西比鸡毛要值钱得多，经济价值也大。

　　等鸡毛运到家，父亲会将家里的门板都卸下来，把鸡毛铺到门板上，挑选鸡毛，分类整理。从外地"鸡毛换糖"回来后的整个正月，我们一家人的主要工作就是挑鸡毛。

公鸡背部和尾部漂亮的毛是最受欢迎的（我去"鸡毛换糖"时基本只收购公鸡毛，不要母鸡毛），挑出来之后扎成一小捆一小捆的，然后漂洗、晾干后装在麻袋里。然后父亲和大哥会用独轮车把鸡毛拉到东阳南马镇市场卖掉。

当然，剩余的鸡毛还是要继续作为肥料来物尽其用，资源最大化利用嘛。

这些次等的鸡毛会被集中拿到户外用绞刀绞成一寸大小的样子，然后再装到麻袋里。社员们会在村口的稻田边上挖一个很大的坑，大概有几间房子那么大。每家每户的鸡毛都用车拉到坑边，然后一层层地铺在坑里。铺好之后，社员们会把猪粪、人粪浇在上面。一层鸡毛一层粪，一直到把这个坑填满，人再上去踩实，最后用稻草盖住并用淤泥密封起来。

大概一个月后，发酵后的鸡毛变成鸡毛泥。将这些鸡毛泥挖出来，挑到村里的晒场，同前一年准备好的草泥灰拌在一起。生产队里的男女老少这段时间都会到晒场上，把这些原料搓成一颗颗汤圆大小的"禾毛丸"。禾毛丸会再放在晒场里晾干，之后就装进麻袋备用。

等到水稻抽穗的时候，社员会在腰间绑一个小竹筐，把禾毛丸装在里面，一边走一边把禾毛丸塞入水稻根部，这叫"塞秧根"。

施过禾毛丸肥的水稻，会长得特别好，水稻产量也高很多。

除了水稻之外，鸡毛还能用于种植甘蔗，施过鸡毛肥的甘蔗，不仅长势更好，口感也会更甜。

小小货郎

1979年，改革开放的第一缕春风吹拂过广袤的原野，知青返城的浪潮涌起。娃哈哈的创始人宗庆后也随着浩浩荡荡的返城知青队伍回到城里，并且通过母亲提前退休的方式把"岗位指标"让了出来，当了一家校办工厂的工人。

而我则与此相反。这一年我从义乌县城出发，开始了我在江西农村挑货郎担的生涯，成了一名年仅14岁的小小货郎。

由于营养不良，这时的我连80斤都没有，个头十分瘦小，根本挑不起常规的货郎担。为此，父亲专门到附近的山里砍了些毛竹，亲手编织了一对小货郎筐。正是长身体的年纪，我却开始了天天挑着重担的日子，就更长不高了。

我挑货郎担的起步，是跟着父亲先挑了三天，算作是父亲的学徒。三天过后，等把一些话术、流程搞清楚，我就不愿意跟他走了，坚持要自己去闯。当时自己年少气盛，总觉得自己行，但几天后就觉得是自作自受了。

挑货郎担的时间在每年年底，除了天气寒冷，时常也会遇到下雨。我记得一个人第一次出去挑货郎担时，遇到下雨，把我给逼崩溃了。

因为下雨，鸡毛就会被淋湿，越淋担子就越重。我本来就力气有限，挑着被淋湿的货郎担基本上寸步难行。担子重，又不能丢了，只能咬紧牙关往回走。眼看天又黑了，一个人走在陌生的山村小道上，又冷又害怕，后悔不该独自出门，还是跟父亲一起

电视剧《鸡毛飞上天》同名书籍封面
照片中我就是穿着蓑衣戴着斗笠的

出门踏实。

但我也知道世界上没有后悔药，只能靠自己。那一夜我风雨兼程，脸上分不清是雨水还是泪水。多年以后，看到有人在风雨中负重前行，我还会想起那一天的自己。

以后为了防下雨，我就学着父亲一样带上蓑衣。蓑衣往往用棕叶制作，很厚很重，放在担子里或者穿上身上都是负担。到后来有了塑料制作的雨披，才大幅度减轻了我们这些人的负担。

既然蓑衣太重，能不能选择打伞呢？答案是行不通，因为两只手要随时做事。一旦一只手用来打伞，担子就失去平衡。有的人会选择戴斗笠或者草帽，但也很麻烦，一是会遮挡视线，尤其是走山路时会很危险；二是淋湿后，斗笠或者草帽会变得很重。因此，如果不是下很大的雨，我一不穿蓑衣，二不戴斗笠草帽，淋成落汤鸡对我来说很正常。

常言道，"腊梅哪怕寒霜降，石山哪怕大雨淋"，既然选择了这个行当，冬天淋雨也是一种历练吧。

对于大多数人来说，冬天的冷雨是不敢淋的，容易感冒。但对挑着一副重担的我们来说，不仅感觉不到冷，相反在淋雨的同时还浑身散发着热气。现在经常会有人问我，那时大冬天淋雨会不会感冒，我印象中是没有过的，即使有，挺一挺也就过去了。

若是不下雨，我们在大冬天只穿一件春秋天的薄外衣，因为稍微多穿就会感到热。大部分情况下，连薄外衣也只有在刚开始的一小段路上穿，到了一个村庄就会脱掉。

收鸡毛的回程路上，由于担子里装满了货物，会比早上出发时重不少，走路会更热。有时候我们连腰带都不系，因为系腰带会让我们感觉热。

之所以感到热，除了担子重，步行的速度快也是一个原因。

为了多跑一些地方，同时能在天黑前赶回东家，我们步行的速度往往可以达到一小时8~10公里。现在我跟人说起这种速度，很多人都不信，因为这基本上是很多无负重跑步爱好者的速度。但事实就是如此。

我们能走那么快，跟掌握挑担子的"节奏"有关系。挑货郎担用的扁担和一般的扁担不一样，我们用的是杉木扁担。这种扁担韧性很大，在挑的过程中会有节奏地上下摇摆，这种节奏会带着人走，不走快都不行。

因为这种训练，我现在走路还是很快。每次跟夫人出去逛街，一不小心就把她甩到了后面；同事和我出行也是一转眼他们就跟丢了。

物质匮乏时期，一些小孩会偷我们货郎担里面的东西，这是我们在"鸡毛换糖"过程中很难解决的问题。作为一个小货郎，我经常会遇到一些小孩在我收鸡毛时，偷偷拿走我筐里的糖或者其他小百货。有些小孩更厉害，他们甚至会一把拖住我，再招呼其他同伴抢我筐里的东西。遇到这种情况，我既不能打，还不能骂。如果我去追，可能不但追不回来，还会在追的时候让另一波孩子拿走更多，"赔了夫人又折兵"。

"鸡毛换糖"生意最好的时间是除夕前后的几天，家家户户基本上都会杀鸡招待亲朋好友，此时也是鸡毛最多的时候。我们的拨浪鼓一摇，小孩子们就会排队拿鸡毛来换。有时候只要在一个村庄收，货郎担马上就装满了，但我舍不得立即回，找一户人家临时寄存鸡毛。在此期间，我学会了看相识人，线路熟了，就知道哪些人家好说话。我会给这户人家的大人一些针头线脑，给小孩一些糖，再商量把收到的鸡毛在他家的屋檐下堆起来寄存。但不能寄存太久，否则鸡毛长时间不晒会坏掉。

等鸡毛寄存两天，我就会找大哥、二哥，晚上一块把鸡毛挑回东家。多的时候一晚上要来回两次。

春节出去"鸡毛换糖"，二十天下来我一个人能换一千公斤左右的鸡毛，能赚几十元钱。加上父亲以及大哥、二哥赚到的钱，我们全家可以在一个月不到的时间里挣差不多两百元钱，这对于改善我家的生活极为重要。

虽然挑货郎担对我这个十几岁的孩子来说很辛苦，但我从小习惯了，也并不觉得有多苦。我出门在外有饭吃，偶尔还有肉吃，已经再幸福不过了。

这段经历有些我已经淡忘，但有些事情一辈子都记忆犹新。正是"鸡毛换糖"的经历，让我学会了适应环境和坚持，懂得了感恩和相互理解。

4-5-20

春节期间出去"鸡毛换糖"的义乌人很多，竞争那时也存在着。

为了让生意做得有条理和有效率，父亲每晚会给我们三兄弟规划线路，明确我们第二天应该走哪一条路线，甚至会按村庄画出简单的图纸，类似排兵布阵。路线图非常清楚，我们三兄弟只需按此走，就可避免走重复路。父亲的这种线路规划，启蒙了我在现代企业经营当中的"计划"概念，这种做法告诉我，在完成一个目标之前要做好详细的规划部署，从而让企业少走弯路，让组织成员工作更有效率。

在整体规划上，父亲推行"4-5-20"，意思是每天4点起床，5点出门，先赶约两个小时路走20多公里，到规划中最远的村庄，再一边换鸡毛一边往回走。父亲这种安排是有道理的，一路收过来，当鸡毛越来越多、担子越来越重时，离家也就越来越近了。

父亲之所以要我们早上4点就起床，自然是希望收鸡毛的时间长一点，但还有一个重要原因，是因为早上烧饭要借用东家的灶台。我们必须赶在东家起床之前把饭烧好，不影响他们做早饭。

我们父子四人，通常会搭一个通铺在阁楼，用自己带过去的棉被铺上。一早起来，父子四人就有明确的分工，我去烧火，父亲烧饭炒菜，二哥、大哥把东家的水缸挑满水。

当时农村人家的灶台

东家所在的村子就在山脚下，山上的柴火很多，与义乌到处找不到柴火的情况有鲜明对比。这里的家家户户在进入腊月前，都会在山上砍很多柴火，然后一堆堆码在屋檐下，过年期间就不用再去砍了。他们砍下来的都是硬木，一根一根很整洁，不像我们义乌烧稻草、麦秆。在江西烧硬柴，对我们义乌人来讲有点像平时穿平价衣服，到了这里大牌服装随便穿，很奢侈。

尽管东家的柴火储备很充分，但我们不会用他们现成的，而是先到东家后山上砍两天柴火备用。"不拿东家一针一线"是父亲常跟我们交代的，所以我们跟东家相处一直很融洽。

早饭烧好之后，我们会把灶台清理得干干净净，不留下任何痕迹。否则灶台一团糟会让东家不开心，我们就没地方做饭了。

挑货郎担的人，会把早饭当"正餐"，不能吃稀饭，除了米饭还要有肉食。因为出门就是干体力活，必须吃饱。有时父亲会买只鸡，提前一天晚上烧好，早上每个人吃几块，分几天吃完。

吃完早饭后我们就出发了，各走各的路线。我尽管年纪小，却独立负责一条路线。出发前，担子里放好预先做好的午饭。一个铝制的方盒，装满米饭，上面盖上几片梅干菜肉。在春节期间，我们是不好意思到别人家里"讨饭"的，怕别人家介意，认为不吉利。

一旦出门，自然是希望多收一点鸡毛回来。尤其是我，性格要强，不会轻易在父亲和两个哥哥面前服输。

然而得到真正想要的东西，不只是踮踮脚尖那么简单，还需要极大的付出。

为了收到更多的鸡毛，我会一直收到天黑不能再继续了才往回走。

那时候农村没有路灯，即使城里也很少有。春节前后月亮也难看到，我两眼一抹黑走路是常有的事。

我会选择走大一点的乡道，很小的山路也不敢走，怕有野生动物出没。如果一条乡道走了很久，还见不到一户人家，我就果断扭头往回走。如果继续往前走，大概率也是人烟稀少。如果遇到比较高的山，就要评估一下是否值得去爬。因为挑着很重的担子，不论是上山还是下山，都不轻松。在大部分情况下，我都倾向于去山矮、住户也比较多的地方。

摸着黑，走着山路，挑着重担，肚子还饿着，可以想象那种艰苦。经常是晚上八九点才到东家，再拖着一身疲惫的身体生火做饭，初步整理鸡毛及杂物。

父子四人走的线路各不相同。父亲照顾我年纪小，让我负责比较近、住户密集、路也比较平的村庄。

但比较近的地方有竞争，经常会有其他人闯进这条线路抢着去换鸡毛。所以我后来就要求父亲让我也跑远一点，跟大家一样先跑个20公里，然后往回走。

春节前农村家家户户开始杀鸡，但杀完后并不是马上就吃，而是先用盐涂一涂，挂在屋檐上晾干，或者放在烤火炉上烟熏做腊鸡。所以凡是看到屋檐下挂着鸡或地上有鸡毛的，我们就知道这家杀鸡了，就会询问他们是否愿意把鸡毛换给我们。

换回来的鸡毛基本上都是刚刚宰杀出来的，很湿很重。尽管我体重也就八九十斤，但挑起鸡毛担子来毫不含糊，最多能挑达到我体重两倍的重量。父亲那辈人，100多斤的人挑200多斤的担子是常有的事情。不仅挑得动，而且还能跑很远的路，步伐很快，真正挑战身体极限。

这种超过身体的负重，很多人不相信，我便用蚂蚁的负重去解释。蚂蚁那么小，却能够承载自身体重10~20倍甚至更重的重量，有的甚至是自己体重的50倍。蚂蚁之所以能这样，据说是因为在蚂蚁的足里，藏有几十亿台微妙的小电动机作为动力。

蚂蚁体内有一种特殊的蛋白质，叫作“蚁酸”。蚁酸的作用是使蚂蚁的足变得更强壮，从而提高它们的负重能力。

对于我们来说，激励我们的“蚁酸”就是要收更多的鸡毛，挣更多的钱来养家糊口。

我们将收回来的鸡毛挑到东家后，拿出来散开铺在地上，让水分挥发。否则鸡毛闷在里面会发霉，就不值钱了。这个过程大概要花一个小时，之后我们才开始烧晚饭。

挑货郎担是一件极费鞋的事。挑着100多斤的担子，快速走在农村的石子路上，一双解放鞋往往穿不了多久就破掉了。父亲照样还是像小时候那样，把破了的独轮车轮胎取下来做鞋底，让我们交换着穿。

我刚开始挑货郎担的那几天，由于走路太多，路又不平，晚上脚底都是水泡。东家的姨奶奶对我这个小小货郎关爱有加，时不时会替我洗衣服，有时候甚至会帮我清除脚上的水泡。晚上刺穿脚底的水泡，第二天我继续出去挑货。一段时间下来，我的脚底长出了老茧，后面就不再起水泡了。

遇到下雨下雪天，鞋和衣裤湿透了，晚上必须换下来清洗，然后在烤火堆的边上搭一个三脚架烘干衣服。我们会边烤火边和东家以及邻居们一起"围炉夜话"，唠家常或听父亲讲故事。

晚上"围炉夜话"的时间往往很长，也就是那个时候，我学会了抽旱烟。

从那时算起，我前前后后抽了20多年，算得上是一杆老烟枪了。到了2003年，因为身体原因我在医院住了大半年，才把烟戒掉了。在戒烟前，我一直很瘦，体重也就100斤多一点。戒烟之后我的体重才恢复正常，健康程度明显好转，也更有活力了。"吸烟有害健康"，这句话在我身上是绝对应验的。

"出六居四"生意经

我们去的赣东北地区主要是山区，道路崎岖，路途艰险。晚上一担鸡毛挑在肩上，因山路不平而翻下沟里的事情时有发生。

虽然有危险，但我们父子四人还是满腔热情，因为去山区的人少，能换来的鸡毛就多。有时候一个小山村没有其他同行去，我们往往能满载而归。

任何行当都有自己的规矩，由此形成自己独有的生意经，"鸡毛换糖"这个行当也不例外。在跟随父亲挑货郎担的过程中，我也学到了这个行当的生意经，这为我后来创立"双童"以及后面企业转型变革提供了基础性思路。

我做"鸡毛换糖"时，义乌廿三里已经形成了一定的市场规模，小百货交易盛行。我们带去江西的货郎担里，不仅有糖，还有牛皮筋、发夹、纽扣等小百货。

父亲告诉我在换鸡毛时，如果按照原本的交易约定只需要五颗糖，给的时候可以多加他半颗糖；说好的十颗纽扣，走的时候给她多加一颗纽扣，等等。这样一来，村民们就会记得我们的好，就算下次别的挑货郎经过这里，他们也不会把鸡毛给别人，而是留着给我们。这样的老顾客多了，生意就会越来越好做。

后来我才理解，这是义乌商人特有的生意经，用义乌土话说就是"出六居四"，意思是你赚到的钱，自己只能留下四成，其余六成应该拿出来用于协作伙伴的分享。回到今天就是商业向善，利于他人而利己。懂得让利给他人，以后在生意上才会有更多的人愿意和你一起共事。让利多了，合作也就多了。

虽然现在义乌人早已不从事"鸡毛换糖"，但做生意的义乌人都延续了这一生意经，这也是义乌能发展得越来越好的重要原因之一。

著名的"傻子瓜子"创始人年广九就深谙此道。他做生意的方法就是卖人家半斤瓜子，会再多抓一把给客户。有的生意人说年广九这人很傻，不懂得做生意。其实，他才是真正懂得做生意的人。就因为多抓一把，客户占了小便宜，下次还会来。傻子瓜子由此累积了大量的回头客，年广九才把生意越做越大，成为"中国第一商贩"，也是中国最早的百万富翁之一。

我们那个时候也一样，只是父亲在此基础上有了一个升级，他告诉我们做生意要"先小人，后君子"，也就是谈价格的时候，要"斤斤计较"，不能退让。

讨价还价是一种博弈，我们的目标是尽可能把价格谈到最低。说好的鸡毛换6颗纽扣，等给的时候说老顾客了，就多给客户2颗纽扣。同样是给8颗，但两种方式给客户的感受完全不一样，后者收买了人心，超出了客户预期，满意度也就提升了。

小米创始人雷军把自己成功的主要原因归结为"专注、极致、口碑、快"这七字真诀。其中对于口碑的形成，雷军认为其要诀就是要超出用户预期，认为好产品不一定能带来口碑，便宜的产品不一定能带来口碑，又好又便宜的产品也不一定能带来口碑，只有超过预期的产品才能带来口碑。

对雷军领悟的这一点，我和父亲很早就开始实践了。

有时候等农户把鸡毛拿过来，发现的确是好鸡毛。这时候，父亲教我不要觉得用了便宜的价格拿到了好东西就沾沾自喜，要主动在原来的基础上再多给客户一些利。我记得当年有位大姐，每年都拿很多很好的鸡毛给我，我就多给她一些小百货，这位大姐感动得眼泪都要掉下来了。

父亲教给我们的生意经，使得我们每次出去一趟都收获颇丰。出门时我们挑出去的小担，回来时都变成了大担。除了换回来钱，有时也会换一些其他杂物。

我们父子四人挑的货郎担，最终合起来收到的鸡毛等物件大概有三四千斤。我们无法一担担自己挑到火车站，就借用当地的板车拉到40公里之外的弋阳东火车站。后来有了拖拉机，我们就租用拖拉机来拉。装鸡毛的袋子最初是麻袋，后来进化为塑料做的蛇皮袋。

等"鸡毛换糖"在正月十五前后结束后，我们回家前会把一些东西寄存在东家，包括货郎担、餐具等。有些小百货如果没有卖掉，就送一些给东家，再给附近的邻居也分一些。所以每年我们到这里时，东家和邻居都很欢迎，把我们当成朋友。我们出去挑货郎担的时候，如果东家家里人有时间，就会帮我们解开绑鸡毛的稻草。如果遇到天晴，他们也会帮我们把鸡毛拿到外面晒，晒干了还会帮我们装到麻袋里。

在整个"鸡毛换糖"过程中，我不仅学会了与客户之间的互惠互利，也学会了同行之间的竞争与合作，有点类似后来管理学界提出的"竞合"的概念。

在江西做"鸡毛换糖"的不只有我们村的人，一趟火车上往往能看到好几十号人都是义乌来的同行。同行之间会相互帮衬，也会相互竞争。

有时候，我们计划到一个村子收鸡毛，结果老远就听到同行的拨浪鼓已经叮咚叮咚在那里敲了。这时，我们的做法就是退出来，再找一个村子。如果你看到有人在收鸡毛却还要进去，结果就是，鸡毛要么可能被人家都收走了而你颗粒无收，要么你会与人家产生恶性竞争，弄不好还会打起价格战两败俱伤。

因此，为了避免同进一个村的情况，我们同村的人一般会相互沟通，提前分好线路，避开正面竞争。对我而言，"不竞争"这种根深蒂固的思维，源头就在这里。

第三章
鸡毛飞不上天

逆境可以使人变得聪明，
但未必使人变得富有。

——阿尔文·托夫勒（Alvin Toffler，1928—2016），世界著名未来学家、社会思想家

我们这群"鸡毛换糖"的生意人居无定所，每天肩挑脚跑，风餐露宿，但始终处在一种温饱的边缘地带。其中艰辛，正如《西游记》主题歌唱的那样"一番番春秋冬夏，一场场酸甜苦辣"。亲历"鸡毛换糖"一段时间后，我深刻醒悟到"行商"无法获得稳定的收入和实现真正的商业价值。我该何去何从？

冰冷的除夕

真正的"鸡毛换糖"并非大多数人想象的可以随时去做。如果要让这种生意有效率，就得选择春节期间。原因很简单，越临近春节，农户们杀的鸡会越多，我们换取的鸡毛才会越多。

我们父子四人通常会在农历腊月初开始准备，主要是预备一些用来换鸡毛的糖，同时在义乌小商品集市购置各种小百货。

准备得差不多后，我们会在农历腊月十五前后出发，历时差不多一个月再回到义乌。这意味着万家团圆的除夕之夜，我们独在异乡为异客。小时候很多小孩子都盼着过年，我也不例外，因为过年可以吃到肉、年糕等一些平时吃不到的东西。然而自踏上"鸡毛换糖"之路后，过年前后那些天往往是我们最忙的时候。

我们从义乌到江西弋阳入住东家家里后，还有大量的准备工作要做，比如要清理堆放鸡毛的场地、准备床铺等。春节前后我们要一直住在东家家里，白天往外跑，晚上才能回来。尽管跟东家住在一起，但我们并不和他们一起吃饭，因此所有餐具用品也要准备。

一到东家，父亲立即到附近镇里买一两百斤大米、一大块肉回来。我们从义乌出来时带上了一大包梅干菜，配上父亲买回来的肉，就可以做成梅干菜扣肉了，这是我们挑货郎担期间常带的午饭。那个年代，我一年都难得吃上一顿肉，但自挑货郎担后，吃肉反而成为日常，这也是我要出门来闯荡的一个重要理由。

对于我们这些在外的挑货郎来说，住东家家里有很多不成文的规矩。

在挑货郎担之前，父亲就一五一十和我们交代得清清楚楚："出门在外，既然住在人家家里，就要尽量不给人添麻烦，并且还要多帮东家做点事情。"义乌人到外面挑货郎担，他们在解决自身生活问题的同时，也在为东家付出。这也让我学到与人合作，必须多付出，尽量少给人添麻烦的道理。

我们在做外出准备工作的时候，东家也在准备过年的事情，包括杀鸡、杀猪、砍柴等，这样春节期间他们就可以安安心心过年。我们通常会帮东家砍一些烧饭、烤火用的柴，还会帮东家干一些像打年糕、除尘这样的活儿。

白天我们出门去"鸡毛换糖"，直到晚上才回到东家家，如果天色还早，我们不能马上烧晚饭，因为这时候东家可能还没吃完饭，我们必须等他们结束后才能用他们的灶台。

这是常规的时候，但除夕那天是个特殊的时间点。

按照江西的风俗，除夕夜这一天不能让外人住在自己家里，否则会被认为不吉利。不少挑货郎只得在东家屋檐下铺上稻草席子，带上棉被，将就睡一个晚上。

除了不能住在东家，除夕夜也不能在东家家里做饭吃。所以年夜饭我们一定是在野外吃，而不是像传统过除夕一样，在家里和家人一起吃一顿丰盛的大餐，这是"鸡毛换糖"过程中不为人知的一点。

我去江西的第一个除夕，刚好遇到漫天大雪。虽然大雪加重了年味，但对我来说却异常寒冷。没想到我第一次在外过年，却住在了野外。

好在东家给我们提供了一个方便：他们生产队种了很多杉树，请了专门的人看守。看林地的老爷子那天也要回家过年，他住的茅草屋就空了出来，可以借给我们暂住。在我挑货郎担之前，父亲和两位哥哥每年除夕这一夜，都是带上席子和棉被，在没电、没灯、阴森寂寥的山上，住在四面透风的茅草屋里迎接农历新年的到来。

这种经历我小时候听父亲讲过，觉得倒也有趣，但真正自己体验时，却感到极为凄凉。

与北方年夜饭的概念不一样，江西过年是把午饭当作"过年"最重要的一顿饭。很多家庭一大早五六点就开始祭拜天地和祖宗，快到中午时就不欢迎有外人打扰他们了，因此我们在除夕那天只有半天时间做生意。如果中午或午饭后还去人家家门口摇拨浪鼓，是会被人家赶走的。

这天中午，我们依然是在外吃铝盒装的饭。下午开始，父亲就在借用的茅草屋边上用砖搭建一个临时做饭的小灶。父亲去村里的小店买了几斤猪肉，又提前找东家要了一些自家种的蔬菜。烧饭菜用的柴火树林里到处都是，但是没有锅，餐具也不够用。为此，父亲又专门去镇上买了铁锅和一些餐具。

到了下午四五点，我们就开始做"年夜饭"，必须趁天没黑就做好，因为茅草屋没电灯，只有一个手提的燃油灯。不趁早吃"年夜饭"，就只能摸黑吃了。

所谓的"年夜饭"，也不过比平常的便饭多两个菜，只是那一天父亲会把肉准备得足够多，保证我们都吃得尽兴。我们家没有喝酒的传统，因此"年夜饭"很快就结束了。到了晚上七八点，我们就准备睡了。

茅草屋只有一个床铺，我们四个人住不下。父亲便带我们用山里的树枝跟竹子铺在地上，然后盖上自己带的被子，临时就成了一个床铺。唐代诗人崔涂的诗句"乱山残雪夜，孤烛异乡人"，正是我们在异乡过年的真实写照。

大年初一早上三四点钟，我们在漫天的白雪中起床了。这情形，与白居易在《卖炭翁》中写的"夜来城外一尺雪，晓驾炭车辗冰辙"，何其相似。

父亲炒了几个菜装在铝盒中让我们带上出门，就这样开始了新年第一天的工作。

大年初一是喜庆的日子，也是我们"丰收"的日子，家家户户在除夕那天杀鸡杀鸭，留下的鸡毛鸭毛特别多，我们收到晚上九十点钟才结束，有时候甚至到年初二凌晨才能回到住处。

按照很多地方的习俗，大年初一一定要多休息，尽量少做事，否则这一年都是劳累的命。然而对我们来说，这种习俗自然是要打破的，否则生意就做不下去。打破常规，敢于突破，也是我创业路上的一种信念。

不只是鸡毛

党的十一届三中全会召开后，中国大地天翻地覆的变化令人叹为观止。中国改革开放第一步就是从解决农业问题开始的，我认为这一步我们走得很快，但工业化经历的时间要长得多。

从集体所有制到包产到户，农民开始自己有了土地的使用权，积极性得到显著提高。解决温饱问题后，一些头脑灵活的农民开始走上街头巷尾做点小生意，城镇市场逐渐出现鲜活的局面。同时，由于杂交稻的引入，农民为了快速增加产量，开始大量使用化肥、农药，由此大批的化肥厂开始出现。

20世纪80年代初期，我虽然还是继续去"鸡毛换糖"，但明显觉察到鸡毛没有以前那么有价值了。

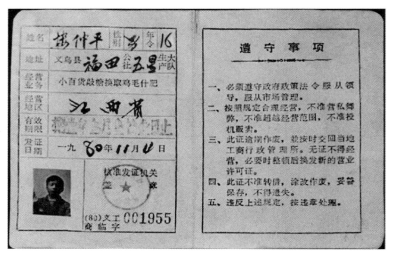

我保存的 1980 年外出从事"鸡毛换糖"的营业许可证

以前义乌之所以有"鸡毛换糖"，是因为可以用鸡毛来做有机肥。但同样一亩田，撒一包鸡毛与撒一包化肥进去相比，粮食产量差别巨大。在这种情况下，谁还愿意那么辛苦去收集鸡毛做肥料呢？

就像企业转型一样，我开始考虑对"鸡毛换糖"进行转型升级。

首先我想到的是对鸡毛本身进行商品化，而不仅仅是用来做肥料。就是将好的鸡毛挑出来，主要是公鸡身上比较漂亮的"三把毛"，用来做鸡毛掸子，还可以做鸡毛扇。义乌的供销社收购这些好鸡毛，有人甚至会拿来做成商品后出口。但能做这种用途的好鸡毛很少，比例也就5%~10%，剩下绝大部分的鸡毛还是拿来做肥料。

其次对"鸡毛换糖"中的"糖"进行了升级。早先父亲那一辈做这个行当的时候，是用红糖换鸡毛，后来就用红糖与生姜混合做成姜糖来换鸡毛。姜糖可以做成一颗颗的，直接用剪刀剪下来，方便操作，味道也更好，有一定嚼劲。但一颗颗的姜糖混在一起，受热或者受潮很容易结块，为此，父亲他们通常会拿稻谷炒熟后磨成粉，然后与姜糖混合，起到隔离的作用，并用四四方方的"洋油桶"将这些姜糖装起来，几十斤一桶，托运到收货的地方去。

到我开始做"鸡毛换糖"时，姜糖也开始不用了，因为小孩子已经不喜欢了。我们又将姜糖变成棒棒糖，就是用白糖煎熬后再加入一种红色的色素，用一根小竹签做柄，因此也称为柄糖（也称为棒糖）。有段时间小孩子特别喜欢这种红色柄糖，因为吃过之后嘴巴、舌头都会变成红色，他们觉得很好玩。

不过，用白糖煎熬出来的柄糖比较脆，很容易碎成几块。我也会边挑货郎担边把碎糖吃掉。父亲这时会告诫我说，碎糖自己最好不要吃掉，可以当作送给人家的额外福利。比如跟人家换鸡毛时，本来说好给两个柄糖，如果多给人家个碎柄糖，对方会很高兴的。

除了糖的变革，小百货也在不断地进化。相比父辈，我们用的小百货丰富了很多，比如拉链、小喇叭等。我们货郎担的箩筐上一般会放两个盒子，每一个盒子又会分割成七八个大小不等的小盒子，里面放入各种小百货，更大限度地满足顾客需求。

尽管行业内部在不断进行"微创新"，以更好地应对环境的变化，但对我来说，想得最多的还是这个行当是否还有存在的意义。

货郎担上的各种盒子

因为鸡毛的价值已经很低了，我就想着用糖和小百货换取一些更有价值的废旧物品。

这个时间，尽管我们肩上还是挑着货郎担，手里还是摇着拨浪鼓，但不再以换鸡毛为主，而是换鸡胗皮、甲鱼壳、废铜、废铝等物品，吆喝声也变为"鸡胗皮、甲鱼壳、废铜、废铝……"我自己也会去开发一些新的物品，比如破凉鞋等。

由于交换物品的改变，"鸡毛换糖"的附加值有所提高，商业效率自然也得到了提升。原来两筐鸡毛可能值不了5元钱，而甲鱼壳、废铜、废铝等物品能挣到的钱就翻倍了。

　　这个时候的"鸡毛换糖"本质上已经变成了俗称的"收破烂"，只是仍然沿袭以"物物交换"的方式进行。因为对我们来说，物物交换更具成本优势。

　　比如一件废旧物品按照价值换算，值5毛钱，给钱就必须得给5毛钱，但若给一个价值5毛钱的小百货的话，其成本可能只有3毛钱，等于在这个环节上就多挣了2毛钱。当然，如果再遇到对糖和小百货不感兴趣的客户，我们也会准备一些现金，偶尔用现金结算。

　　不过废铜、废铝、破凉鞋等废旧物品，重量不像以前鸡毛那么轻了，一直挑着就会感觉特别累，这就需要时不时将收到的废品找地方寄存起来。我们一般会找固定的人家存货，跟他们家处理好关系，给一定的寄存费或者送他们小百货。而存货不再用之前那种很重的麻布袋了，大量装化肥用的编织袋成为打包废旧物品的主要工具。

　　因为不再主打换鸡毛，我们工作的时间也就不再局限在春节前后了。只要是农闲季节，我们都可以外出挑货郎担。一般在外面跑一两个月，收了很多废旧物品，我们便租一辆板车将大包小包运到汽车站。再由汽车站转到火车站，通过托运将废旧物品运到义乌。

　　"鸡毛换糖"形式的转变，就像现在企业的转型与创新，在不断适应市场环境和用户需求上寻求改变。我自己的创业，包括现在做创业平台，其实也是在"鸡毛换糖"。尽管呈现形式发生了变化，但价值交换的商业本质并没有改变。

从农村到城市

刚开始跟父亲做"鸡毛换糖"的时候，基本上沿袭父辈们的传统做法，早上很早挑着糖和小百货去乡村田野农户家里，晚上挑着鸡毛走着山路回东家的家。父辈们认为祖辈都是这样做的，并没有什么不对。

但我与父辈们想得不一样，我觉得固定住在一位东家家里，每天走的路线一样，会导致这条路线鸡毛的枯竭，这不合理，应该调整思路，改变跨地区收鸡毛的情况，将重点调转到城市郊区。

我虽然年轻，但换的鸡毛一点都不比两个哥哥和父亲少，这让我有一定的发言权。有一次，我郑重其事地跟父亲建议："我们不应该陷在农村，城市郊区的村子密集，能换到的鸡毛更多。而且靠近城市的地方，富裕的家庭也会多很多。他们不只是在春节，平时也会杀鸡杀鸭。更重要的是，我们收的破铜烂铁这些废旧物品，城市要比农村多很多。"

父亲被我说动了，于是我们开始从江西弋阳转战横峰、乐平、万年、贵溪等几个县的临郊。

父亲每到一个地方还是规划好路线，我仍然坚持单独出行。但因为是新地方，父亲有点不放心。由于我的一再坚持，他最终做了一个妥协的安排：白天各自行动，但晚上必须在约好的地方会合，父子四人必须住在一起。

后来发现这样还是不行，因为每个人在做事的节奏上差别很大，固定时间会合很难达成。父亲只好放手，他走他的，我走我的，两个哥哥也是如此。我们会合的频率不再是每天，而是一周或半个月一次，父亲等于是放手让我们自主经营了。

这种迁徙式做法显然比原来固定式做法有了更大的挑战。

原来的"鸡毛换糖"就是早上出去，晚上回来，住所和线路基本是固定的。现在因为每天住的地方不同，又没钱住旅社，我们的货郎担上就要随时放着棉被。饭菜也没地方提前做好，而是到了一个地方用小百货或糖去换吃的。

换吃的也是讲技巧的，中午要换午饭，晚上不仅要换晚饭，还要换一晚住宿。到了傍晚时分，我会特别留意观察，主要是看哪一户门口边上有粮仓，因为粮仓和房子中间一般都有一个走廊，很多人家会用来堆柴火，我就可以将这个走廊借用起来，在那里铺几捆稻草，把自己带的床单铺上，盖上棉被就可以睡了。睡觉用的枕头就不敢奢望了，顶多用稻草扎一个凑合一下。

有时实在找不到合适的地方住，我就直接睡在人家的屋檐下，第二天一大早继续赶路。即便是这么简单住一宿，却也是要付费的，一般会给一两毛钱或一些小百货。

过了一段时间，我又开始感到这种迁徙式的"鸡毛换糖"也并不比之前好多少，最大的问题是"居无定所"，让人没有安全感，于是决定回到有固定住所的道路上来。

但这次固定住所与之前的不一样，是要转到县城。

我首先想到了江西的德兴，这个地方离原来的东家住的地方不远。德兴县城相比弋阳农村来说，人口多，商品经济也相对发达，有贸易市场、菜市场，甚至有小百货市场。

但这毕竟只是我个人的想法，父亲不一定会同意，为此我还专门跑到德兴做了调查。调查结束后，我告诉父亲，德兴县城已经有很多义乌人在挑货郎担，他们早就离开了农村和郊区。

父亲听说我专门做了调查，很高兴，没犹豫就同意了我的建议。于是在1981年，我们在德兴县城租了一间房子，结束了起居不定的流浪生活。我们每天早上拿上货，然后穿梭在县城做"鸡毛换糖"。

我大约一个月回一次义乌，主要是去小商品市场进一批小百货，父亲则留在德兴。如果回义乌，我要先在德兴坐汽车，到上饶汽车站后，再转晚上的火车回去。

有一次，我到上饶汽车站后，想买几个桃子带回去给母亲。结果小贩把三个桃子一称，竟然跟我说有五斤。面对这种明显欺诈的行为，我自然是不肯付钱，于是便跟人家争执起来。没吵几句，对方一把抓住我的衣服，使劲打了我一拳，他的同伙也加入进来，对我拳打脚踢，其中一个人一脚重重地踢到我的肚子，一下把我击倒在地，我当即晕了过去。

我晕倒之后，对方也慌了，生怕出人命，赶紧把我送到医院。等我醒来时，人已经躺在病床上，肚子时不时抽疼。好在那时年少，没觉得有什么大不了，没在医院做进一步的检查就离开了。但实际上这次受伤给我的心灵留下了永久的伤害。

因为发生了这样的事情，我后来再也不去上饶汽车站转乘。我选择从德兴坐汽车到浙江衢州，再从那里坐火车回义乌。想着万一要是在衢州出点事情，那里还有亲戚可以照应。

在德兴县城时，我还目睹过一次高压电线的危险事件，刻骨铭心。后来我创立"双童"后特别重视安全生产管理，就跟这次经历有关系。

我对电的认知很小的时候就有，义乌相比很多内陆的地方通电要早得多。小时候家里为了节约用电，就在两间房子中间挖一个洞，只装一盏灯用作两间房的照明。装的灯泡功率都特别小，跟点个煤油灯差别不大，那个亮度看书肯定是不行的。当时我的好奇心很重，常常会思考灯为什么会亮？父母自然也不知道，只是告诫我们电很危险，不能去摸。

那一天，我路过德兴县城的一个建筑工地，一捆没扎牢的钢筋突然倒在高压电线上，几个在工地做事的工人全部触电，尸体都烧了起来。那时大家对电的危险性知之甚少，居然有人跑过去拉被电的人，结果也一起被电死了。

这一幕我正好看到，那可怕的一幕让我在很长一段时间都处于极度恐惧之中，常常在梦中惊醒。有些事情一辈子可能遇到无数次而没有印象，但有些事件可能一辈子遇到一次就会终生难忘。

一碗猪肺汤

我从义乌到德兴，一般会选择两条线路，第一条线路到浙江衢州坐大巴到德兴；第二条线路是先到江西上饶，再坐大巴到德兴。有一次我在衢州转车，发现衢州城里不仅人多，住户也更集中。我就想，为什么不直接在衢州落脚呢？这里不用再转车，离家更近，还有亲戚可照料。

那一年，我已经过了17岁，完全可以独立做生意了。到了春节前夕，同村的一个邻居知道我的想法后决定跟我去衢州，他的两位表哥也表达了同样的意愿。

我把这个想法跟父亲一说，他虽有一些犹豫，但也没阻止我，微微点了一下头算是答应了。

春节过后，我们在义乌小商品市场进了一些小百货，然后又买了一辆板车。为什么要买板车？因为我们想偷懒，不想再用肩挑着担子到处跑，太累，我们把所有换废旧物品的糖和小百货，以及收到的货物都放在板车上，推着走。这样一来，我们的肩膀被解放出来，不但感觉轻松，而且每次的载货量也上来了。

我们四个年轻人在衢州的仁德路租了一间房子，买了锅灶，就算独自开始了在衢州城里的生活。

我们推着板车在衢州城里到处吆喝叫卖，从义乌进的小百货不仅被我们用来交换废旧物品，还直接对外销售，这等于又开辟了一个挣钱的渠道。

尽管是在城里，但我们还是摇着拨浪鼓走街串巷。城里人口多，遇到周末小孩多的时候，我们拨浪鼓一摇，他们就大老远跑过来喊："货郎来了，货郎来了……"

拨浪鼓和我们的叫喊声，加上小孩子们的助推，家家户户赶紧拿着各类废旧物品，包括鸡毛来跟我们换东西，效率明显得到提高。为了应对一些人不要糖和小百货的情况，我们还准备了很多1分、2分、5分的硬币，100个一筒，用牛皮纸装起来，随时准备拿出来现金结算。

在城里"鸡毛换糖"

　　这次衢州春节的生意，我们还是收了鸡毛，原因是这里的鸡毛很便宜，有的人家几乎是免费送给我们的。

　　在衢州城里，生意的确好了很多，但也遇到一些新的情况。

　　衢州城里基本是工人，他们的生活条件相对于农村自然优越不少，卫生意识也强。当这些家庭的孩子们跑出来换糖时，家长们会立刻把小孩子拉回去，然后指着我们的鼻子呵斥道："你们的手刚拿了各种废品后又去拿糖，小孩子吃了这种不卫生的糖生病了怎么办？你们赔吗？！"

　　虽然被呵斥得很难受，但我们也无力反驳，当场一脸尴尬地愣在那里。

　　因为这个原因，我后来再去城里挑货郎担时，就不再带糖了，只带小百货和现金。

半个多月后，我们收了满满一屋子的废旧物品和鸡毛。这是我们四个年轻人在没有父辈的帮衬下，第一次独立做生意，心里自然特别高兴，充满了成就感。作为他们的领头人，我的领导能力也得到了他们的认可。我甚至被他们寄予了很大的期待，说以后等我做了大老板，还要跟着我继续干。

我们四个年轻人所做的一点小改变，让我意识到只要解放思想、转变思路，就能有更大的发展空间。我后来创办企业后，也一直把转变思路、更新认知作为教育员工的头等大事。

结束春节期间在衢州的生意，我们就要把一屋的废旧物品运回义乌了。

其实衢州离义乌很近，坐火车托运那么多东西，又要各种打包转运，很麻烦。最终我们选择从我们村租两辆手扶拖拉机，直接去衢州把鸡毛运回来。这样点对点运输更方便，省了不少中间环节。

为了省钱，我们坐着拖拉机一起到衢州。开车的师傅想早点赶回家，把车开得飞快。加上路况不太好，到衢州大约160公里的路程，把我们颠得翻肠倒肚，我们发誓下次再也不坐拖拉机了。

到达衢州后，天已经很黑了。

我们随便吃了晚饭，就连夜把鸡毛及其他废旧物品装到拖拉机上，堆得有三四米高。还是为了省钱，我们四个人分别爬上拖拉机的货物顶上，每车两个人，我和一个人坐前一辆，另外两个人坐后一辆，两辆拖拉机一前一后地开出了衢州城。

农村早期用拖拉机运货的情形

坐在几米高的货物顶上本就很危险，而且还要时刻注意保暖。那时正值正月，天气寒冷，我们每个人就用雨披麻袋把自己裹起来。另外，货物虽然是堆起来了，但并不是很牢固，随时都可能垮下来，因此我们每个人还要拉紧几根固定货物的绳子，以防止货物滑落。

此时路上下起了很大的雨，雨中还夹杂着雪粒，这让我们的行路更加艰难。我有一种不祥的预感，觉得可能要发生什么事情。

有时候真是这样，越担心什么，就会来什么。

当拖拉机开到金华白龙桥过去大概五六公里的地方，我坐的这辆拖拉机上的货物突然垮塌了，坐在顶上的我们俩随着货物的坍塌，也一起从飞快行驶的拖拉机上重重地摔了下来。

货物高、车速快，加上是沙子路，我们一摔下去，脸上、腿上等身上很多地方都磨破了皮，衣服上到处是血水。摔下来的两个人中，我个头最小，身体最单薄，摔得也最严重。这次的受伤，给我留下的疤痕现在还依稀可见。

后面的拖拉机看到后，赶紧停下来。天很冷，雨很大，大晚上没有一个行人。我们四个人连同拖拉机师傅只能在又冷、又饿、又累、又疼的情况下，艰难地把散落在马路上的货物重新装车。尤其是从车上摔下来的我们两个人，根本没想过要先把伤口处理好，而是觉得货物才是我们的命，自己摔伤的事反而没那么重要。

重新装好车后，我们忍着疼痛一直坐到金华。到达金华后，同行的伙伴劝我们去金华人民医院包扎一下。好在半夜还有值班的医生，给我们做了简单处理。这时我的肚子咕咕叫了起来，我才意识到自己快要饿晕了。

我们赶紧去大街上找吃的，发现没有任何门店开着，只能一直饿着。天快亮时，雨过天晴，我们才在医院边上找到一个卖早点的小摊。到现在我都还清清楚楚地记得，那天我们每个人都点了一碗猪肺汤，再加了一点咸菜，那味道真是美味到了极点。

这也是我经历的"鸡毛换糖"过程当中最痛苦、最难忘的一个晚上。那一碗猪肺汤也是我这一辈子都忘不了的一顿早餐。

铁匠学徒

早期做"鸡毛换糖"主要在农历春节前后，即便后来业务拓展到其他废旧物品，我们外出的时间有所增多，但总的来说，在家的时间还是占很大比例。在这期间，除了务农，还需找一些谋生门路以维持家庭的吃穿用度，我们的谋生手段之一就是打铁。

三兄弟中，最开始学习打铁的是我二哥。

大哥结婚后，二哥也该考虑结婚的事情了。大哥结婚时，他的婚房是母亲费尽心思盖出来的。之后，母亲已然精疲力竭，我们再也不想受那样的苦了。但家里原先的三间瓦房肯定是不够的，二哥就想着不靠父母，他要独立自主盖新房。而盖房子需要钱，二哥就到处打听各种门路，父亲也通过熟人介绍，想让他学点"手艺"。那个时候，农村的孩子如果能学点手艺，也会被人高看一眼，生活自然会过得好一些。

著名企业家王传福的父亲就是个木匠，靠着出色的手艺养着家里十来口人。红星美凯龙家居集团创始人车建新也是木工出身，靠着在农村给人打造家具开始走向创业的道路。几度成为中国首富、农夫山泉的创始人钟睒睒小时候也是拿起灰刀与板砖，跟着村子里的老师傅学习泥瓦匠的手艺，并以此谋生。在接下来的十年里，钟睒睒先后还搬过砖、做过木匠。

这些企业家学过的手艺，父亲都给二哥介绍过，但二哥根本看不上。也不知道他哪里来的门路，找到了离家十来公里的一家打铁铺，跟父亲说要去那里当铁匠学徒。父亲自然乐意，于是带了礼物，与二哥一起跟师父见了面，行了拜师礼，很快把事情定了下来。

二哥在学打铁，大哥又早就分家与我们不住在一起，所以我显得特别无聊，偶尔会特别羡慕二哥能学打铁的手艺。实在无聊时，我会一个人走上一个多小时到二哥那边，看他跟着师父打铁。

　　二哥的师父很和善，我嘴也甜，常"师父，师父"地叫着。有时候师父一高兴，就会留我跟他们一起吃晚饭。铁匠铺的饭菜不比我家里，肉总是不缺的，因此我也非常乐意在那边吃了饭再回家。

　　日子就在这样的来来回回中很快过了一年，二哥学成归来，我们称为"出师"了。二哥回到村里准备自己开一个铁匠铺。开铁匠铺需要场地，我陪着二哥在村里周边找了很久，各种方案最终都被父亲否决。无奈之下，二哥干脆选择把铁匠铺开在自己家里，方案是在家里三间瓦房后面再搭一个茅草铺。

　　那个时候想开铁匠铺不是一件容易的事情，属于开副业，需要村里开各种证明，层层审批申请才行。同在浙江的著名企业家鲁冠球，就是在经过15次申请之后，才开办了一个铁匠铺。

　　好在1982年8月25日，义乌"稠城镇市场整顿领导小组"下发《关于加强义乌小百货市场管理的通告》，这是全国第一份明确认同农民商贩和专业市场合法化的政府文件。在文件的影响下，义乌各个商业领域开始放开，二哥也顺理成章走上了自己的副业之路。

　　二哥开了村子里唯一的铁匠铺，开张后生意不错，很快就人手不够了。于是处在农闲期的我和大哥，大部分时间都一起帮二哥打理铁匠铺。这样一来，二哥相当于是打铁铺的师父，我和大哥则成了他的学徒。

　　我们三个人各有分工，大哥力气大，负责抡大锤，配合着二哥的小锤子，两人的敲打声，就像一首美妙的劳动交响乐。

　　我个子小，力气也不大，抡锤子打铁对我来说有点勉为其难，因此二哥就让我负责磨刀。我对磨刀还真有点天分，无论是菜刀、剪刀还是镰刀，经过我的手基本能变得锋利无比。

常言道，所有的努力都不会被浪费。后来这样的技能，在我开始做吸管时居然用上了，这是后话。

二哥指导我们说，打铁不能盲目乱打，要看情况决定应该用大力还是小力，是快敲还是慢锤。如果没有打准，或者没有把握好火候，铁就会跳起来，火星也会溅出来。

话虽这样说，我们哪能把节奏控制得那么娴熟，打铁过程中时常还是会有火星冒出来。为防止火星溅到身上受伤，我们三兄弟除了穿着厚厚的长围裙，还要穿上高帮牛皮鞋。这一身装备让我们在夏天没少受罪。

打铁这个活很脏，我们三个人一天到晚都是黑不溜秋的，没有干净的时候。

打铁时火星飞溅

我们打铁用的毛铁，主要是我和大哥到诸暨牌头的一个机械厂去收来的。每隔一段时间，眼看毛铁不够了，大哥和我就主动拉着独轮车去机械厂几趟，把工厂不用的一些边角料买回来。大哥拉车，我仍然像以前给大哥修房子拉泥沙时一样，在前面拉绳子。

二哥的铁匠铺主要打制菜刀，父亲承担的角色相当于销售。通常等我们打好菜刀以后，父亲就用麻袋装起来，然后拉着独轮车带去东阳、兰溪等地卖，远的时候会跑到千岛湖。

除了父亲，我和二哥偶尔也会踩着自行车客串销售的角色。我们把菜刀捆在自行车的后架上，四处赶集市、卖菜刀。由于义乌周边各个地方开集市的时间不一样，我们只要出去总能找到开集市的地方。每次我们带一百多把菜刀，每把能卖五六毛钱。

这段时间，二哥的铁匠铺成为我们家的经济支柱。二哥自从打铁后，收入就稳定了。他结婚盖房子的钱，主要是自己挣的。尽管我后来做生意挣的钱比他多，但不如他稳定，他是旱涝保收。因此他开铁匠铺后就很少出门，一直做着打铁的行当，直到他40岁左右才开始转行做货运。

铁匠铺算是一个家庭作坊，也是一个企业最简单的雏形，我在这个过程中逐步有了生产、销售、运营的概念。尽管我跟二哥学打铁是间歇性的行为，只在不外出做生意的农闲期间帮工，但到现在我还清楚地记得打铁的几道工序，铁的几种分类，也算是丰富了我的知识库吧。

回村打工

我在外出"鸡毛换糖"以及协助二哥打理铁匠铺这段时间，义乌政府开始大力鼓励各乡镇搞活农村经济，给予了很多优惠的措施。我们村的村办企业由此大量出现，离开土地去各种厂里打工也成为男女老少中的一股潮流。

从背后的逻辑来看，村办企业和"鸡毛换糖"的生意是相辅相成的。因为义乌有大量的"鸡毛换糖"从业人员，他们需要大量的小百货，从外地进货不如就地生产，这就需要本地工厂。另一方面，外出从事"鸡毛换糖"的人员收回来的废旧物品也需要加工处理，因此本地工厂如雨后春笋般遍地露头。

由于在政策上完全放开了，愿意外出做生意的义乌人越来越多。最火的时候，哪怕是半夜三更，义乌火车站也挤满了外出的人们。

有段时间，有人突然发现破蓑衣算是一种比较值钱的废旧物品。

20世纪80年代中期之前，农村家庭很少有雨伞雨衣，大家靠着最传统的蓑衣来解决雨天出行的问题。现在的中老年人应该都记得，那时农村每家的墙壁上，至少挂着一件蓑衣。

蓑衣很重，而且通常在穿了一些年后，会老化腐烂发霉，不能再穿。这时人们就把不能再穿的蓑衣当作废品卖给来往的货郎。义乌的货郎们则把破蓑衣装在麻袋里运回来，然后统一卖到义乌廿三里这个地方。

廿三里是义乌"鸡毛换糖"的发源地，很多货郎收购来的废旧物品也都集中在这里进行交易。这里的收购点不仅仅做义乌的业务，也辐射全国各地，如江西、湖南、广西、贵州都有生意，全国各地的废旧物品会源源不断地运过来，形成一个庞大的产业链。

破蓑衣的中转交易也在这里，收购点把从全国各地收来的破蓑衣打好包，再卖给各村里的棕绳厂作为生产原料。

我们村就有个棕绳厂，专门做破蓑衣的拆解加工工作，最终的产品主要就是棕绳。这个厂有几十号人，算是规模不小的村办企业。棕绳很结实，也防腐蚀，在海水中浸泡很久也不会烂。不像麻或稻草编制的绳子，一段时间就被雨水腐蚀了。

做棕绳其实很简单，先用棕片拆成细细的棕丝，再用棕丝搓成细细的小棕绳，然后几根小棕绳又搓成稍微粗一点的棕绳，再用粗一点的棕绳卷成更粗的棕绳……根据需要越搓越大。据说，我们村工厂制造的棕绳是拿来给海上的轮船拉锚用的，所以都比较粗。

搓棕绳用的破蓑衣被工厂收购后，需要把原来的缝线扯掉。一般蓑衣都穿了十来年，已经非常脏了，很多都已经发霉。扯线的时候能带出来呛人的粉尘。工人会把扯掉线后的棕片泡在水里，泡涨之后捞出来最终拆解。

这个活说着容易，干起来却是一把辛酸泪。今天这种事情肯定用机器，但那个年代就得徒手一根一根拆解出来。

棕片本来就很脏，加上在泡水的过程中还要放些烧碱，所以水就变得又酸又臭又黑，对人体有很强的腐蚀性。尽管破蓑衣从水里捞起来后会用清水冲洗，但腐蚀性还是很强，撕棕片撕久了，手上的皮肤很容易烂掉。而且制作棕片的棕叶很锋利，手撕出血是常有的事。

尽管如此，为了挣钱的打工人还是蜂拥而至。多的时候，有百来号人都去厂里打零工。

棕绳厂劳作场景（AI 创作）

每天早上四五点，村里各家各户就跑到厂里排队领破蓑衣，去迟了就没活可做了。领了之后放在厂里的晒场上开始作业。如果一个人领了200斤，下班前就按照这个数量交回去。

母亲是个闲不住的人，不让她干活她就浑身不自在。她常教育我们说，人是不能太闲的，闲久了，你会觉得努力一下就像拼命，实际上你离勤奋还差得太远。我几乎没有闲下来的时候，可能也是受母亲的影响。

在农闲的季节，母亲就跑去棕绳厂打工，补贴家用。在我的印象中，母亲的手几乎就没有几块完整的地方，都是用各种各样的胶布粘着，里面是深浅不一的伤疤。

这一期间，大哥、二哥已经结婚分家，大姐也嫁人了，都不跟我们住在一起，有各自独立的生活。还没结婚的两个妹妹和我，都被母亲叫去厂里打工。我向来不喜欢做这种机械式的工作，但无奈被母亲逼着硬着头皮去做。母亲那张严肃的脸，常常让我们噤若寒蝉。

我在工厂主要是负责拆解已经浸泡过的破蓑衣。在撕这些东西的时候，身上衣服都被熏染得黑臭黑臭的，脸上也时常被黑水溅得黑黢黢的，远远看上去像个在墨池里泡过的黑人。

通过加工破蓑衣，村里人也能够赚到一些手工钱。不过到了后来，大家也都嫌这个活实在太辛苦，越来越多的人开始离开，村办工厂也就没有继续办下去。

客观来说，这一波兴起的乡镇企业对中国改革开放后的经济发展起到了至关重要的作用。

在乡镇企业出现之前，国家促进的是社队企业建设。1979年7月，国务院颁发了《关于发展社队企业若干问题的规定》，首次以法规形式肯定了社队企业的地位。同年9月，党的十一届四中全会通过了《中共中央关于加快农业发展若干问题的决定》，指出："凡是符合经济合理的原则，宜于农村加工的农副产品，要逐步由社队企业加工。城市工厂要把一部分宜于在农村加工的产品或零部件，有计划地扩散到社队企业经营，支援设备，指导技术。"明确要大力发展社队企业。在此情况下，1980年年底，发展乡镇企业受到质疑。有人认为乡镇企业"以小挤大"，"乡镇企业'猴子'与国有企业'老虎'抢食吃，应该打开老虎笼子，整整猴子"，甚至有人认为乡镇企业是导致中国宏观经济"失控"的主要原因。为此，国务院在1980年年底起草了《关于工业企业关停并转的若干规定》，要求关停并转小炼铁厂、小化肥厂、小煤窑、小家用电器厂等26类企业，乡镇企业面临被关停的巨大压力。但是很快到1981年1月，国务院召开常务会在讨论上述规定时，国务院领导指出："不要轻易地关停。只要它能生产，商品有销路，能养活自己，就叫它搞，不要关它、停它，由市场去检验。"

虽然面临很多争议，然而乡镇企业依然不负众望，成长快速。根据数据统计，乡镇企业的数量到1988年达1888万个，从业人员达9546万人，总收入达4232亿元，成为那时推动中国经济发展的核心力量之一。

第四章
踩瓜皮，找商机

利之所在，
虽千仞之山无所不上。

——管仲（？—前645年），中国古代思想家、政治家

随着改革开放步伐的加快，我国商品经济也越来越发达。在我加入"鸡毛换糖"几年后，挑货郎担这个行当慢慢走向终结，以"鸡毛换糖"为代表的"行商"，最终被在固定场所做生意的"坐商"所替代。我的"坐商"之路是从摆地摊这种最简单的形式开始的，这比之前做"行商"投入更小，获得更多，体验感更好，在商业上也更有效率。

地摊摆在景德镇

有几百年"鸡毛换糖"传统的义乌人，最早是在义乌廿三里镇形成了小规模的小商品地下"非法"集市。我七八岁时跟着父亲去配货，去的就是廿三里市场。之后由于交通不便等原因，廿三里的集市慢慢地转移到了义乌的县前街一带。1972年前后，已经有人在县前街县政府右侧的一块空地上摆摊贩卖小商品了。

但那不算真正意义上的摆摊，只是生意人把自家的百货放在一个篮子里，上面放一块布遮住。生意人提着篮子沿街走来走去，有顾客需要时就上前掀开篮子上的布，看看是否是自己要的商品，因此这里也被形象地称为"提篮市场"。

在那个特殊年代，个体买卖商品是政府明令禁止和取缔的。而拥有上万人的半合法的"敲糖换鸡毛"又需要市场提供大量的小商品，提篮叫卖下义乌小商品市场就这样悄然孕育了。

1982年8月，义乌县政府做出了一个"冒天下之大不韪"的举动——在义乌湖清门专门开辟了小商品交易市场，这就是义乌第一代小商品市场。紧随其后的是义乌县委和县政府联合发布的《一号通告》，宣布："允许农民经商，允许农民进城，允许长途贩运，允许多渠道竞争。"文件中"四个允许"的出现意义重大，它们实际上为义乌小商品交易提供了明确的政策支持。

义乌县政府"四个允许"文件

这些政策的出台，以及后来义乌小商品市场能走在全国前列，都离不开一个人——时任义乌县委书记谢高华。

1982年，衢州县委书记谢高华调任义乌县委书记。有一天，正在办公室忙碌的谢高华突然听到外面有人高声喧哗。一打听才知道是一位名叫冯爱倩的农妇，在单枪匹马找县政府的人理论。谢高华走出去，冯爱倩立马就将矛头对准了他："你就是谢书记吧？为什么不让我们在城里摆摊？我们没饭吃了难道来政府找吃的吗？"谢高华初来乍到，对冯爱倩的话听得不是很明白，于是邀请她到办公室详细说明情况。

冯爱倩就这样进了县委书记办公室，她见谢书记平易近人，语气也缓和了下来。谢高华见冯爱倩会抽烟，还主动递给她一支"大重九"。冯爱倩也不客气，接过烟就从自己家中遭遇的困难说起，又说到自己摆地摊被政府工作人员赶来赶去像做贼，还被工作人员没收了摆摊的小商品。说到愤怒处，冯爱倩忍不住站起来拍起了桌子。

谢高华始终没有生气，全程保持笑脸。弄清楚了冯爱倩吵闹的来龙去脉后，谢高华当即向她保证："你回去摆你的摊吧，以后不会有人赶你了。不仅是你，其他人也可以自由摆摊。"

等冯爱倩走出县政府大门，谢高华马上召开临时会议，安排一批干部前往现场调查具体情况。尽管当时中国已经改革开放，但政府工作人员仍然放不开手脚，对小商贩的行为比较粗暴。在谢书记眼中，老百姓为了生存摆地摊，这是个好现象。"穷则变，变则通"，如果继续墨守成规，不仅不能解决问题，而且会激发人民与政府之间的矛盾。

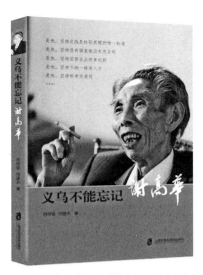

纪实文学作品《义乌不能忘记：谢高华》

就这样，"四个允许"等文件横空出世为日后义乌小商品市场大发展奠定了关键政策与法理基石。

虽然政府肯定了义乌小商品市场的合法性，但才十六岁的我并没有意识到这件事情跟自己有多大关系，我更多考虑的还是到哪里去寻找商机。

兴许是在外奔波多了，义乌允许摆地摊的政策出台时，我并没有意识到要留在义乌发展，而是想去别的地方闯荡。

之前在江西德兴县城从事"鸡毛换糖"不久，我就觉得这个县城太小了，便想去乐平。而乐平离景德镇很近，索性不如去景德镇算了。

我对景德镇并不了解，只是因为"瓷都"之名如雷贯耳，有个印象罢了。那时没有地图，我和父亲全靠大致判断方向，一路向他人询问，兜兜转转，最后居然也到了景德镇。

景德镇的陶瓷业很发达，每天人来人往，比德兴县热闹多了。走进景德镇的第一天，我和父亲就觉得这个地方来对了，赶紧租了房。

定居下来之后，我们决定不再收鸡毛，而是主要收购废铝、废铜和废鞋等，这些东西相对鸡毛而言更"有利可图"。破铝饭盒是我们收购的首选，一个盒子大概有100克；还有小孩子不知道从哪里弄到的铝制电线，剥掉外皮后卖给我们。为了节省存储空间，我们会将废铝带回家后用锤子敲扁。废铜比较少见，但比废铝更有价值。我们不收废铁，因为又重又不值钱。除此之外，我们还收购胶鞋和破凉鞋。

我和父亲租住在景德镇一座四合院式的院子里，院子中间有一口打水吃的天井。房租不贵，一个月也就几元钱。我们隔壁的左边住的是一个江苏扬州人，做的是卖牙刷的生意。右边住的是浙江台州人，主要是卖雨披。同在院子里的，还有一位江西广丰人，跟我们一样也是收购废旧破烂，当时广丰人收破烂在全国都很有名气。

我们租住的房间不大，只有10平方米，放一张床之后就没有太多空间了。但对我们这些做生意的人来说，这间房子有个特别的好处，就是它分上下两层，楼上住人，楼下有个矮层可以堆放杂物。

在景德镇，我每天早上起来的第一件事情就是去菜市场买菜。有一次我从菜市场出来时，突然听到有一个人在叫卖小百货。那人乡音很重，我一听就知道是义乌老乡。我好奇地跑过去，只见那人在地上摊了一块塑料布，上面放了一些帽子、袜子、手套、围巾等物品。我一问，原来他是义乌廿三里的，廿三里就是义乌人最早进小百货的地方。

进一步攀谈后我才知道这位老乡以前也是挑货郎担的，后来觉得挑货郎担太累了，又看到其他菜市场有义乌人摆摊，就有样学样，也开始摆地摊了。

一瞬间，我脑子被点亮了。这种形式相比我们走街串巷、辛苦叫卖换废品来说，省力很多，为什么我们不效仿呢？

回到住处，我对父亲说："我们放弃拉板车吧，太累，而且还被人家瞧不起，不如去摆地摊！"

被人瞧不起这件事，父亲是非常清楚的，尤其是后来转战到大城市之后，大城市有一些小孩子很皮，会故意跟在我们后面摇晃担子让我们无法正常行走，还看着我们的窘态哈哈大笑。

父亲刚开始不同意，因为他也不知道如何摆地摊。我就跟父亲说："我先带你去看一下菜市场那个义乌老乡吧。他卖的也是我们挑货郎担的小百货，就简单在地上盖一块塑料布，摆上商品叫卖就行了，不用拉着板车摇着拨浪鼓到处跑。"吃完早饭，父亲很疑惑地跟我跑了一趟，一看的确可行。当天上午，父亲就同意试一试。

下午，我自己回义乌进了一些手套、袜子、帽子、扎头发的丝带、发夹、玩具等小商品。回到景德镇的第二天早上五点多，我和父亲就赶到菜市场门口，抢占了一个绝好的位置准备开始摆摊。

等到原来在菜市场门口摆摊的义乌老乡过来，我和父亲这才意识到我们占了他的地盘。为了避免不必要的争论，我们决定换一个菜市场。景德镇有不少大大小小的菜市场，我们很快就近找到了一个。

等加入摆地摊行当后，我发现越来越多的人也加入进来，这里面有义乌人，也有不少景德镇本地人，其中有一些是退休的大爷大妈。因为摆地摊这件事学起来很快，只要人家在你旁边盯个把小时就清楚怎么做了。他们唯一没有底的，就是不知道货源从哪里来。为了摸清货源，有时他们假借买东西套我们的话，有的甚至会直接问在哪里进的货。

这种竞争是自然而然的，当一个行业"有利可图"时，大家都会加入进来。竞争最激烈的时候，为抢摊位而打架的事情并不鲜见。但凡遇到要打架的，我就选择避开，换地方。因为其一，我知道我个子小，打不过人家；其二，我很反感这种恶性竞争，最终于人于己都没有好处。这是我从小养成的一种心性，后来创立"双童"之后我也是非常注重错位竞争。对手做的东西我就不做，而我做的东西要尽量让其他人做不了。

也许有人会觉得我很软弱，在弱肉强食的竞争社会，一味退让是难以立足的。但我不是这么想的。老子说过一句话："弱者道之用。"意思是说，道在发挥作用的时候，用的是柔弱的方法。有的时候弱者的力量反而更强大，避开强者不去正面拼，可能是最省成本、最有效的，并且是保护自己更好的方法。这是我在长期"野外生存"中形成的一种认知，某种程度上也是一种我在商业上的生存技能，是我商业哲学的一部分。

随着在景德镇摆摊的人越来越多，市场开始拼价格。

为了避免进入价格拼杀的恶性循环，我采取的方法就是尽量选择一些其他人没有的商品。那时义乌的小商品业比较发达了，只要进货人用心去找，总能找到一些其他摆摊人还没有看到过的商品。

地摊的出现，实际上也改变了城里人的购物方式。

早先时候城里人都在正规商店买东西，后来看到地摊上的商品不仅很新颖，而且价格也比正规商店里便宜很多，便不会大老远跑去正规商店买了。很多人会在买菜的时候，顺便买点小商品。这些人自己买了，觉得好还会向周边的人推荐。这样口口相传，我们摆地摊的生意也就越做越大。

然而到了1983年下半年，有一天，当地工商局找到我们，说这里不能摆地摊了。随即工作人员给我们发了一张通知单，告诉我们在某个日期前要到工商局去办理营业执照，换个正规的地方去集中摆地摊。

自1983年义乌县委书记谢高华推动建成第二代义乌小商品市场后，很快在全国形成了示范效应，景德镇也开始注重小商品经济的发展。景德镇开辟了一条专门做小商品买卖的街道，我们办好营业执照后就来到这条街道抽摊位号。

那条街离之前摆地摊的菜市场不远，我们搬过去倒也方便。也趁这个机会，父亲开始升级装备，买了一张一米八长的钢丝床，用来摆放小商品，再在上方搭了一个遮雨避风的棚子，免得商品被淋湿。

从这时起，我们算是真正从"行商"转为"坐商"，开始了比较正规的商业经营，融入中国小商品经济发展的洪流之中。

这山望着那山高

商品经济发达的一个重要标志，在我看来就是火车上的人流。

义乌小商品市场开放后，以前那些挑着担子游走在街头巷尾的义乌小商贩有了固定的交易场所，再也不会因为怕被人驱赶而东躲西藏了。义乌小商品市场空前繁荣起来，从全国各地赶来的小商贩采用肩扛手提的方式将小商品运到各地交易市场售卖，义乌小商品的摊子一直摆到了县委大院的门口。

我们在景德镇摆摊，大概20天左右会回义乌小商品市场补一次货。看过电视剧《鸡毛飞上天》的人都知道，那个时候火车上是人挤人，人多得不仅上不了车，有时还下不了车。我甚至还看到上不了车的人靠后面的人推一把、踹一脚才能上去的场面。

20 世纪 80 年代挤火车的情形

像我们这样带着大包小包的人上车就更困难了。好在我人瘦小，也比较机灵，看到有一点缝隙就钻进车里。到了车厢后，也不管座位上的乘客同不同意，"啪"一下就把窗户打开，同伴们赶快把包裹往上递。

　　车上的人看到我们有一大群人，心里有怨言也不敢说。当然，我们也会不断跟他们道歉："大姐大哥，实在不好意思，我们这个货，车门没办法上，只能通过窗户了。"

　　按现在来看，我们这种做法有点"土匪"的感觉了，但当时这是普遍现象，大家见怪不怪。

　　为了做到有差异化，我去义乌市场进货时，尽量找各种各样相对新颖的小商品。义乌市场的小商品是在不断进化的，最开始是针头线脑，再后来是袜子、扎头巾、围巾、水枪等。进货前，我会特别注意周边的摊位卖什么，避免跟他们卖一样的。进货时，我都会采购我认为销售更好、利润更高的东西。

　　在摆摊的过程中，基本上都是我来配货，父亲负责摆摊，因为我知道小商品的变化，配货比父亲更科学。

　　与此同时，我在租住的院子内也时常观察同在景德镇做生意的其他人。

　　住在隔壁卖牙刷的扬州小伙子跟我同龄，他父亲也跟我父亲年龄相仿，聊话题总能聊到一块，我们很快就处成了朋友。

　　这对扬州父子跟我们一样，也是每天早上出去做生意。不过和我们摆摊不同，他们是大街小巷、菜市场到处跑。他们每人做了一个木盘，用绳子挂在脖子上，木盘里一边放一排牙刷，一边放一支牙膏。他们出去叫卖时，手里会拿着两把牙刷，相互打击，发出"啪啪啪啪"的声音来吸引顾客。

　　也就是从这个扬州小伙子那里，我第一次知道牙刷和牙膏。之前我完全没有刷牙的概念，在我长大的过程中也从来没听说过。扬州小伙子跟我讲了很多刷牙的好处，并送了我一把牙刷。

我自己又到商店里买了一支牙膏，这才开始学着刷牙。

随着我们交往的深入，我了解到他们家乡那边生产牙刷，扬州有很多人会跑到全国各地去推销牙刷。我觉得他这个牙刷生意很好，比我们在菜市场门口摆摊卖小商品更好一些。有一次晚饭后，月色清朗，我跟他提了一个请求："能不能跟你去扬州倒腾牙刷？你放心，我倒过来只拿到义乌去卖，不会跟你在景德镇抢生意。"我已经想好了，我跟他去倒腾牙刷，他回景德镇，我回义乌。等我在义乌把牙刷卖掉，再用赚到的钱从义乌进小百货到景德镇。

他听了我的想法，立刻就同意了，于是我跟着他到了扬州市的扬中县。一到这个地方，果然到处都是做牙刷的小工厂。我跟着看了很多工厂，一家家比较价格，其间就在他家吃和住，他一家人对我都很热情。

义乌市场那时的牙刷还很少，我把从扬中县进的牙刷拿到义乌市场去卖很畅销。有个商贩看上了我的牙刷，说想拿1000支试试，我就直接在进货价格基础上加了20%卖给他。价格他倒是接受，但并不马上给我钱，说等他把牙刷卖掉了再付钱，相当于替我"代销"。我心里虽然不愿，却也没有更好的办法。

没想到的是，给他代销的1000支牙刷当天全都卖掉了。第二天我把剩下的货都给了他，不到几天时间，我进的第一批牙刷全部销售一空。

我欣喜万分，拿着挣到的钱在义乌进了很多小商品到景德镇。等景德镇的小商品卖得差不多的时候，我准备再来一次这样的"商品循环"。

　　但是等第二次去进货时，我发现已经有义乌人去扬中县进货了。

　　这就是义乌人对市场的敏感性。原来，是有人拿到了我进货牙刷的地址，找到扬中县。于是我的牙刷生意不好做了，蛋糕被分摊，竞争起来，利润也就下来了。

　　既然卖牙刷已无利可图，我又瞄上了同住一个院子里的台州人。他卖的是雨披，这是骑自行车的人在雨天的首选。他卖的雨披很薄，价格也不贵。

　　这段时间我跟这位台州人打得火热，他很自然地把他的进货渠道告诉了我。我又一个人摸着地址，找到了台州的路桥镇，进了一批雨披放在摊位上卖，本想着好好挣一笔，结果效果一般。

　　后来我想，与其等着别人来买雨披，为什么不在雨天把雨披送到顾客面前去呢？本来景德镇就有很多工人都是骑自行车上下班的，一到雨天自然就需要雨披。于是，我就在雨天把原本挂在摊位上的雨披取下来，抱着雨披冲到停自行车的地方，对着那些没有雨披的工人叫卖："卖雨披咯，卖雨披咯……"这招果然好使，雨披在适合的时间摆在了适合的地点，自然卖得很好。

　　但和卖牙刷一样，我的做法很快就被其他人仿效，雨披也逐渐卖不动了。

　　商品经济就是这样，一种商品或者商业模式总是有流行的时间。

　　景德镇有段时间很流行一种女孩子头上扎的头花，色彩鲜艳，初期很好卖，我们进货后没几天就全卖完了。但个把月之后，这种头花就被一种一圈塑料珠的发绳所代替。这个发绳义乌市场没有，很多人是从广东拿的货。可是当我辛辛苦苦从广东拿到了货，流行期就已经过去了，我只能尽快低于成本价亏损卖掉。

这段经历让我认识到了市场竞争的残酷性和商品生命周期的短暂性，明白了创业中变革和机遇的重要性。如何从顾客的需求出发，寻找更加便利和创新的模式，并在适当的时机做出调整，对创业者非常重要。在创业的道路上，创业者需要时刻保持警觉和灵活性，以应对变化和挑战。

到这个时候为止，我和那个年代其他创业者一样，不断尝试创业但屡屡碰壁。然而，像我这样的年轻人身上总燃烧着对未知的渴望，即使踏上了一条充满曲折和艰辛的道路，也不气馁，反而时常会被激发出更昂扬的斗志。

我想，任何成功的背后，都伴随着无数次的尝试。所谓成功，就是对付出的奖赏。

危险的氢气罐

从 1983 年开始，全国范围内的人民公社开始大规模解散。同年 10 月 12 日，中共中央、国务院下发了《关于实行政社分开，建立乡政府的通知》。此后，人民公社政社分开，建立乡政府的工作在全国陆续展开，我原来所在的福田公社也改名为福田乡。

1980 年 6 月，四川广汉县率先推行撤社改乡的农村体制改革

对于老百姓来讲，这不仅只是改个名称，而是意味着"吃大锅饭"的集体制时代彻底退出历史舞台。

这一年，我在景德镇摆地摊的同时，也在四处寻找其他商机。

在儿童玩具极度缺乏的那个年代，氢气球在全国各地掀起了一股风潮，各地家长都喜欢给孩子买氢气球玩。

二哥自小就是很喜欢玩的人，带着我做了很多调皮捣蛋的事情。他很喜欢氢气球这类新鲜玩意儿，觉得这是个很好的商机。

有一次我回义乌进货，二哥神秘兮兮地跑过来跟我说："现在到处流行氢气球，要不我们一起做氢气球生意？说不定能挣上一大笔钱！"说完特别激动地看着我，期待得到我的正面回应。

对于好的商机，我自然是不会放过的。我知道二哥找我的原因无非是他不太懂商业上如何操作，需要我帮衬。但卖氢气球这件事情，我还是觉得有点危险。自从上次在德兴县城目睹有人被高压电电死之后，我仍心有余悸，安全意识增强了很多，所以尽管之前打听过一点氢气球的事情，却迟迟没有动手。

如今二哥邀我一起，为了不让他失望，我决定咬咬牙跟他一起试试看。

制作氢气球的原理其实非常简单，制作一个氢气罐，放入金属铝、烧碱（氢氧化钠）和水，就会发生电解反应而产生源源不断的氢气，然后将氢气通过气阀充进气球里，再用丝线扎起来，一个能飞上天的氢气球就成了。

通过多方打听，我了解到氢气球可以到苏州进货，价格倒是非常便宜。但要弄到制造氢气的机器却并不容易。后来有人告诉我们，很多做氢气球的人，他们的机器并不是从工厂买来的，而是自己做的，这种机器并不复杂，只需要买一个淘汰下来的氧气罐，将其割开一半并重新焊接，底部开一个可移动的盖底，再以螺丝固定就行了。

我们费了九牛二虎之力弄到一个氧气罐，但我们不会焊接。

母亲告诉我们，有个堂叔在一家化工厂工作，刚好会做焊接，于是我们跑过去请他帮忙。之后，我们又在他们工厂采购了一些烧碱，再去废品市场购买些废铝。

一切搞定之后，我先带着其他小百货回景德镇，二哥随后带着氢气罐以及大量各色气球也到了景德镇。等二哥到后，父亲继续售卖其他小百货，我和二哥则在摊位旁边开拓新业务：卖氢气球。

我们在摊位的隔壁增加了这个业务，相当于多开拓了一个挣钱的渠道，所以父亲并不反对。

我们都很兴奋，仿佛看到大把的钱向我们飞来。

做氢气球生意很简单，只需打开氢气罐的阀门给各色气球充气，气球膨胀到一定程度后系上线，一个个五彩缤纷的气球就往上飞，很容易吸引小孩和父母来购买。

我们站在摊位上，手中拿着氢气球高声叫卖。

那是个寒冷的冬天，寒意透过厚厚的衣物渗透进我们的身体，却无法阻挡我们内心的火热。路过摊位的孩子们双手揣在口袋里，嘴里吐出白色雾气。他们抬头注视着我们手中的氢气球，眼神中透露着渴望和兴奋。

生活在物资匮乏年代的孩子着实可怜，一个简单的氢气球就能够轻易点燃他们心中的好奇和憧憬。如果父母不给买，他们会固守在摊位前，不愿离开，眼睛死死地盯着氢气球。父母说尽好话劝他们离开，不要买，孩子们却像是被冻在那里，一动不动。

刚开始我们的氢气球生意做得非常顺利，也挣了不少钱，让二哥特别开心。

后来景德镇出现越来越多做氢气球的人，一些义乌老乡也不断加入进来，竞争一时到了白热化的程度。

一方面我感觉生意越往后越不好做，另一方面危险时刻笼罩着我们。

在我们做氢气球的那一年，全国发生了多起人因氢气罐焊接不当而丧生的悲剧。一旦氢气罐发生爆炸，周围如果又有火源，整个场地都可能发生火灾。我从新闻得知，有一列火车因为车厢里的氢气罐爆炸造成十多人丧生，这深深地刺痛着我的内心，给我带来了巨大的心理压力和负罪感。

在这一事件发生大约一年后，铁路系统规定，制作氢气球的相关物品不允许被携带上火车。同时，景德镇工商管理部门也发文，禁止在菜市场门口摆摊卖氢气球。

于是，我和二哥的氢气球生意就做不下去了，客观环境和主观认识都要求我们必须放弃这个生意。

每当看到"双童"吸管现在的精细化和安全生产的管理方式，我常常会想起这件事情。那时候不仅是我们，甚至很多像模像样的企业都没有意识到精细化和安全生产的重要性。很多企业只是简单地把产品制造出来，生产过程的管理非常浮躁，很多做法在现在看来都不可思议。

如今已成为制造业标杆企业的海尔，在当年也存在同样的问题。1984年12月，张瑞敏临危受命去接手濒临倒闭的青岛电冰箱总厂后，他首先制定的十三条新规定中，第一条居然是"禁止随地大小便"。由此可见，当时这家企业的生产管理如何离谱就可以想象了。之后，张瑞敏下定决心，克服重重阻力，才有了海尔历史上著名的"砸冰箱"故事，海尔冰箱的质量也从此迈上了一个崭新的台阶。

有奖销售的"大生意"

景德镇的地摊集中到统一市场后，规模也越来越大，很多义乌人闻风而来。一条马路上，几百个摊位中有一大半都是我们义乌人在摆。因为大家所摆的小百货货源渠道都来自义乌，无论怎么选品都会有撞车的可能。一旦有撞车，就会打价格战。有些摊位打价格战可以做到不计成本。一天下来，除开摊位费、房租费以及日常开销，其实挣不到几元钱。

现实艰难的生存条件，让每位摊主都在思考，如何才能选到一些有差异性的好货？什么样的商品会更挣钱？

现在很多年轻的创业者经常跟我吐露，说很羡慕我们那个年代的生意人，觉得那时满地都是机会，随便干点什么都能挣到钱。其实并非如此，拿一个现代人的视角看过去或者用上帝视角看现在，会觉得一切都很简单。但处在其中的人，却不可能有这样的视角。凡夫俗子往往困在其中，所见毕竟有限。就连著名哲学家叔本华都说："我无法观察整个宏大的宇宙，我对世界的见解并不包括那些我无法理解的事情，也不包括我尚未体验过的普遍意志，我把自身眼光的局限视作世界的局限。"

对于当时的我来说，盯的只是进什么样的货，一天能卖多少钱，哪里会有功夫考虑其他的事情。尽管我们一天营业额只有不到二十元钱，但那个年代的工人的月工资也才这个数，相比较我们就觉得自己一天所得已经很不错了。

人往往会被困在一些短期的利益中，走不出来，看不到更好的方向，我也是如此。我后来也时常提醒自己，一定不要被眼前的利益困住，要走出当下的利益诱惑，才能看到新的可能性。

"傻子瓜子"的出现，就让我看到了这种新的可能性。

义乌有个农贸市场，有条街全是卖副食品的。20世纪80年代初，安徽人年广九创立的"傻子瓜子"已经非常知名了，这条街自然也卖这种瓜子。"傻子瓜子"用塑料袋包装，一小包瓜子大概50克，一斤瓜子包成10小包。这种小包的包装有个好处，便于大家拿在手上，边走边吃，放在口袋里也不占地方。当时不像现在，怕走在路上吃瓜子会影响街道卫生，那时边吃瓜子边丢壳很常见，根本没有环境卫生这个观念。

那一年我回义乌进货的时候，发现不少义乌人开始到全国各地去搞瓜子的有奖销售。他们到义乌进货，一进货就是10万包，也就是一次性进1万斤。不过这10万包并不是一次性到货，一般是先发5万包，后面再陆陆续续补齐。

我一看这种新的销售形态，又来了兴趣。

为了学到如何做有奖销售，我四处请教，还到两个做有奖瓜子销售的现场观摩。

等胸有成竹之后，我决心也要大干一票。

跟我有同样想法的，还有我姐夫的弟弟。他跟我年龄相仿，很多事情能谈到一块。我们从义乌进了10万包瓜子，前期先拿了

5万包。我们将瓜子托运到景德镇，并到当地工商局交了100元保证金，又申请了一个可以做有奖销售的许可证，就开始在父亲摊位旁搞起了有奖销售。

我们竖了一块牌子，差不多就相当于今天的海报，上面写上一等奖、二等奖、三等奖分别是什么。进货时，每包瓜子的成本只需三分钱，我们出售的价格是一毛钱。尽管价格有点偏高，但很多人冲着我们的奖品，还是愿意花钱买。

为了最大限度地吸引顾客的参与，我们设立的一个一等奖是黑白电视机，两个二等奖是缝纫机，同时还设立了三个三等奖和许多其他小奖项，包括自行车、电饭煲等。

这些奖品对于普通工人来说，具有相当大的吸引力。那时购买一辆自行车或缝纫机要七八十元，黑白电视机更是接近200元，属于奢侈品，价格高出寻常工人工资的数倍。现在他们拿出一毛钱就能参与抽奖，有机会赢得这些奖品，所以热情被瞬间激发出来了。

对于这些高额的奖品，一些顾客并不相信，怀疑我们是骗人的。为打消顾客的疑虑，我们特地请了公证员进行现场监督和公证。

我们做了标有各种中奖号码的标签，放在瓜子包装内。这些号码在开奖时起到关键作用，决定着能获得什么奖品。

一开始进展非常顺利，销量很快达到了2万多包。但随着其他人效仿并加入竞争，瓜子很快卖不动了。两个月过去，一些瓜子开始出现气味，更不好卖了。每天的销售量微乎其微，令我心急如焚。

有奖销售的兑奖券

如果运气好，最好的结果就是快速卖完，然后快速开奖。然而我们不太走运，快三个月了，按照我们当初给工商局的承诺，兑奖期已到，但是我们3万包都没卖出去，与10万包的计划相去甚远。

一些之前买了瓜子，等待开奖的顾客开始向工商局举报。管理人员也开始频繁光顾摊位，询问确切的开奖时间，担心我们不兑现承诺，一走了之。

在工商局管理人员的不断督促下，在众多围观人群的期待中，我们一咬牙决定公布具体的开奖日期。我们用扩音器录好音，不断广播具体的开奖时间。很多人看到兑奖时间明确了，又在这几天重新燃起了热情，瓜子的销量又上来一波。

很快，兑奖的时间到了。

这时我还存在很大的侥幸心理，希望在卖出去的瓜子中，最高的一等奖、二等奖都无人抽中。然而开奖后，一个一等奖和两个二等奖竟然都被抽中了。尽管三等奖没有被抽中，但加上此后开出的许多小奖，仔细核算后发现这次的有奖销售我们损失惨重。

5万包瓜子的进货成本就要1500元，卖出去的瓜子大约一共收到3000多元。奖品花掉的成本加上运输费、场地费、现场搭建费等，亏了好几百元。在那个年代，好几百元已经算是一笔巨款了。

剩下的1万多包瓜子，由于出现了明显的腐坏气味，我们只能含泪扔掉。本来承诺义乌商家再进5万包瓜子，最后也不敢兑现。

我坐在摊位前，心情沮丧到了极点。此时落寞的场景，与当初开始有奖销售时的狂热形成了鲜明的对比，我想挣一笔大钱的梦想化为泡影。

在我做有奖销售两年多后，"傻子瓜子"的创始人年广九启动了一次震惊全国的有奖销售。他印刷了150万张奖券，设计了10个等次的奖项，1个一等奖为上海小轿车1辆，10个二等奖为摩托车1辆，100个三等奖为彩电1台……1986年2月5日，年广九推出有奖销售当天，仅芜湖一地的市场"傻子瓜子"销售量就多达6万斤。2月12日一天，全国各地卖出"傻子瓜子"90万斤。到了2月22日，全国各地一共卖出"傻子瓜子"476万斤。

粗略一算，仅仅18天，年广九就获毛利100万元。

人与人的悲欢或许是不相通的，有的人痛哭的时候，有的人却在开怀大笑，这就是商场的人生百态吧。

猫鼠游戏

随着有奖销售"大生意"的失败，我们摆地摊的生意感觉越发难做了。

好在上帝在关闭一扇门的时候，总是会帮你打开另一扇门。

20世纪80年代国门初开时，西方的潮流一夜之间影响了不少人，很多年轻人都以拥有一两件舶来品为时尚。然而此时的中国还处于极端的物资商品贫乏阶段，大部分进口商品贸易的合法渠道少之又少，根本满足不了海量的需求。

在这样的背景下，境外的大部分商品纷纷转以倒腾的方式，游走在灰色地带。尤其是来自日本、中国台湾和中国香港的商品，开始进入内地，从初期的电子产品、服装配饰、布匹、化妆品、家电，到后期的香烟等，全国各地兴起了商品的倒腾大潮，"倒爷"这个词频繁出现在人们茶余饭后的谈资中。其实这种境外商品的倒腾贸易，放在现在就是"境外代购"。

"孔雀东南飞"，全国各地的"倒爷"都纷纷往东南沿海跑，广东、福建、浙江沿海成了倒腾境外产品的"桥头堡"。大批想一夜暴富的人铤而走险，以致当时一些地方流传着"工农兵学商，大家来经商；东西南北中，一起来广东"的说法。

人们熟知的很多企业家也加入这一行列中。比如牟其中在1982年与人合办"万县市中德商店"，开展跨境的业务，第一年便获得近8万元的利润，算是海外代购的"鼻祖"了。谁料到第二年，他却因"投机倒把罪"入狱。

当时国内能买到的家用电器和国外的产品之间存在着巨大差距，完全不像现在的市场，很多产品是全球同步上市的。在友谊商店凭票买到的黑白电视机，价格贵不说，代表"购买资格"的电视机票也很难拿到。因为有巨大的价格和品质差异，就产生了倒腾家电的行当。在1986年年底创立国美电器之前，黄光裕和他的哥哥就是靠倒腾进口电器发家的。

也就是在那个年代，越来越多的中国人突然发现，原来在我们封闭的环境之外，还有一个更为精彩的世界，还可以去追求更好品质、更多功能的商品。

今天说起这段历史，年青一代大体上不觉得有什么不光彩。因为在那个年代和环境下，对是与非、黑与白、罪与无罪之间的界定，本来就存在历史的局限性。

如果当时不是那一批人率先带头打破市场藩篱，使政府意识到发展商品经济对改善人民生活、发展生产力有很重要的意义，中国社会主义市场经济发展的步伐可能会缓慢许多。

在义乌，1984年年底开放的第二代市场上，已经出现了如牛仔裤、剃须刀、电子产品等舶来品。义乌就像是一个向外辐射的商品中转站，把琳琅满目的商品转卖到其他地方。大部分村民都参与其中，我们村那一带几乎都是做倒腾业务的"倒爷"。有一句顺口溜很贴切地形容这种现象："十亿农民九亿倒，还有一亿在思考。"

人们对电子类产品尤其感兴趣，我就是从看到一块来自福建的电子表后，开始加入商品倒腾大军的。

有一天，在我们摊位旁边有个商贩在售卖电子表，价格大约是男表7.5元，女表7元。电子表上面显示数字，旁边的按钮摁一下会显示日期，再摁一下显示时间，再摁一下还可以跳秒表。简单的三个功能已经足够吸引我，我想都没想就买了一块戴在手上。父亲看到我戴的电子表也很喜欢，于是我也给他买了一块。父亲之前用的机械表要每天拧发条，而电子表不需要，结果那块机械表很快就被他闲置了。

戴上电子表的第一天，我就沉迷其中，琢磨它到底是怎么运作的。原理我自然是搞不清楚，但我越研究就越觉得卖电子表的生意可以做。

我这个人从开始做生意起就注重与其他生意人的交流沟通，喜欢与人交朋友。跟他们交往，总能得到一些启发，收获一些关键的商业

最早的电子表样子

信息。当我决定做电子表生意时，我就给一个卖电子表的商贩送了好些义乌小百货，经常请教，最终他把电子表的进货渠道告诉了我，原来是从福建泉州一个叫石狮的小镇上进的货。

了解到这个渠道后，我便独自跑去进货，为此还特地买了一张地图，又用了半个月时间研究路线。研究清楚后，我告别父亲，踏上了从景德镇到石狮的行程。我先从景德镇坐火车到鹰潭，再从鹰潭转坐到福建漳州的火车。

对我来说，这一路虽然艰辛，却处处是风景。当火车到泉州时，一片大海进入我的眼帘，这是我第一次看到海。

从漳州下火车后，车站就有大巴车直接到泉州的石狮。一到石狮，我真有点《红楼梦》中刘姥姥进大观园的震撼感，那种场景在景德镇是绝对看不到的。铺天盖地、街头巷尾全部都是各式各样的电子产品，应有尽有，电子表就不用说了。这些电子产品在石狮街上的店铺里，有些是公开售卖的，有些会偷偷放在二楼

卖。店老板会先问你需要哪些东西，再带你到楼上去看。

我第一次去进货很顺利，拿了100多块男士电子表，一路都没有人查。只是等我把电子表拿到景德镇卖时，价格已经没有我买时那么高了，但也能卖到四五元一块，有将近一半的利润。除掉来去路费和其他开支，利润还是相当可观的。一趟下来100多块手表，大概能挣个七八十元钱，这远比我跟父亲摆摊挣得更多。

第二次进货时仍然很顺利，但第三次去时，火车站已经开始查了。我很侥幸没有被查到，那次我拿了200块男表，很快挣到了近200元钱。

父亲见我把倒腾电子表的生意做得风生水起，也要跟我去福建进货，并把摊位交给了另外一位朋友，并承诺只要是卖掉我们摊位上的商品，利润就分给这位朋友一半。这位朋友本来也在摆摊，能多挣一份钱自然也乐意。

这算是我第四次去石狮了，父亲可是第一次来，我俩都感觉管理部门明显查得更严了。

我和父亲一到石狮就有点后悔，觉得这个事情风险太大了。如果被查到的话，不仅东西要全部被没收，人也可能要被拘留。石狮这时也已经不那么明目张胆卖境外货了。去店里问电子表后，店员不会让我们在店里看货，而是带我们到旅馆，甚至带到他家里去看货。

火车站是重要的检查点。车站工作人员如果看到你带的袋子或者感觉你身上不对劲，就会拿着金属探测仪来测，如果身上有金属就会发出声响。为了避免被查到，大家都是八仙过海，各显神通，变着戏法通过各种方式将电子表从福建一带倒到全国各地。

我和父亲为了能够顺利把电子表带回景德镇和义乌，也想了很多方法。比如我们会把破衣服撕成一条一条，大概七八公分宽，用缝纫机缝成管状的袋子，再将电子表一块一块地塞进去。之后将这些袋子围在腰上，甚至围在大腿根部、内裤里。好在电子表占用的空间小，两三百块电子表就这样放在身上，再穿上普通秋冬的衣服也并不显形。

尽管如此，我们内心还是忐忑。一上火车，我们就钻到绿皮车的座位底下，十几个小时的火车，除了实在饿了要爬出来买盒饭，其他时间都钻在座位下面。我们也不敢在义乌站下车，因为义乌车站查得很严。我们往往会提前或者延后一两站下车，再坐汽车转回义乌。

像这样，我们基本上三四天就一个来回，每回都能挣到一两百元钱。很短的一段时间，我跟父亲就挣了一两千元钱。

因为一直都很侥幸，我们的胆子也越来越大，每次拿的电子表也越来越多。甚至我们对摆地摊的兴趣也没有了，索性低价将景德镇的摊位卖给了他人。

后来一次，我跟父亲进了千把块电子表的货，每人带了四五百块。因为多，一般的衣服挡不住，父亲就拿了军用大衣去挡。因为漳州靠南，天气并不很冷，我们穿着军大衣就等于"此地无银三百两"。结果在漳州上车时，我们就没那么幸运了，被车站派出所查到了。

我们苦苦哀求，甚至跪下来求他们，但是没用。派出所办事很规范，将电子表没收，开了一张罚单，把我们在那边关了半天，不过给我们提供了饭食。

从派出所出来，我的心情跌落谷底，好不容易挣的一两千元钱全部打水漂了。回到了义乌，无心过春节。父亲也对我多有怨言，认为我不该好好的地摊不摆，非去倒腾来倒腾去，结果"一夜回到解放前"。

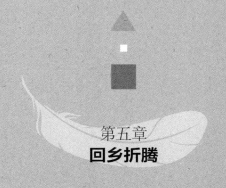

第五章
回乡折腾

智力、想象力及知识，都是我们重要的资源。
但是，资源本身所能达成的是有限的，唯有"有效性"才能将这些资源转化为成果。

——彼得·德鲁克（Peter F. Drucker，1909~2005），现代管理学之父

在外折腾几年，最后因为倒腾电子表，人被查，货被收，最终积蓄耗尽。我从事的这项具有鲜明时代印记的生意，最后大家基本是同一个宿命：一次次积累，一次次被归零，最后还是回家务农。虽然不得不又回到村里，但自小不安分的我，又开始了一轮又一轮的折腾。

划鞋垫，做雨披

没有什么比漫无目的地徘徊更令人难以忍受的了。我回乡后就处在这样的状态中。

刚开始一段时间，我每天都找不到明天清晨起床的理由。

由于我自小对种地避之不及，回到村里后自然是沉不下心来务农，于是过完春节，我又开始外出打工。

我先是到附近农场里的建筑工地干活。工人砌砖，我负责递砖，同时也跟着一起拌混凝土。这样忙活一天下来，一结算，工钱才1.5元。没多久，我觉得这个工作太苦太累，收入又低，就辗转到了村里划鞋垫的工厂工作。

那时义乌的小加工企业越办越多，办厂是很多有商业野心的人的一股潮流。当然，这股潮流一方面得益于我在前文提到的国家层面的政策开放，另一方面也得益于义乌县政府的政策推动。

1984年年底，义乌县委县政府确立了"兴商建县"的总体发展战略，这个战略的核心是"商"，也就是把市场放在了推动义乌发展的头号位置。次年2月，义乌县委主要领导在全省农村工作会议上，做了题为《兴商建县，振兴义乌》的报告，算是将"兴商建县"战略向全省亮了相。在这个战略下，义乌又先后提出"以商促工""以商强农""以商兴城""以商富民"等一系列策略，由此掀起了经商办厂热潮。

根据统计，到1984年年底，义乌县个体户达到了14259户，小商品市场成交额2321万元，商品成交额突破1亿元，辐射范围从周边县市延伸到省内外。

从个体角度而言，很多人想自己办厂的直接原因是想降低市场交易成本。当一个商贩觉得学完技术后，就地生产比从其他企业进货成本更低时，他就更倾向于自己办厂。

当然，这些工厂还都是以家庭作坊的形式存在的，在村子里或者村子周边雇一些人为其工作。按照当时的社会氛围，一个工厂雇的人不能太多，否则还是会被当作资本家看待。当时社会上流传着一个不成文的说法是，雇工20人以上就算犯法了。

"傻子瓜子"的创始人年广九在20世纪80年代初因为雇用了100多人，就被说成是"资本家复辟、是剥削"，还惊动了中央，才有了邓小平那段著名的话，让"傻子瓜子"经营一段，怕什么？伤害社会主义了吗？"

我们村这个鞋垫工厂就是在那个时期出现的，厂子建在离我家不到100米的地方。因为非常近，在工作休息间隙时我还可以回家喝口水。

工厂做鞋垫其实非常简单。先是从杭州一家国营企业那里买来一些塑料泡沫片，再用一个鞋垫形状的白铁皮模型放在泡沫片上面，用锯条磨成的锋利刀片围着划一圈，一个鞋垫就出来了。

这个鞋垫虽然不耐穿，也讲不上什么品质，但那个年代的人要求也不高，有总胜于无，所以市场需求还是有的。

我尽管个子瘦小，力气也不大，但手脚灵便，做事情又很卖力，在厂里跟着老工人没学几天，就变成了熟练工。一天下来，我比大部分人都划得多，结算时能拿到两元多钱。

人生就像一口大锅，当你走到锅底时，无论朝哪个方向走，都是向上的。

尽管两元多钱的工钱不高，但相比建筑工地已经有了明显提升，而且工作强度要低很多。我在工厂做了四个月，也有了两三百元钱的积蓄。

这时我又有点不安分了，也越来越不喜欢自己整天十几个小时被固定在一个位置上，像一台没有自由、没有创造力的机器。我常想，人类如果一直都是机械式的重复，社会的进步和发展从何而来？

于是，我开始想自己办鞋垫工厂，自己做老板。

但自己办厂资金需求量很大，我粗略算了一下，如果到杭州拉一车塑料泡沫片过来，没有几千元是不行的，这是个让我望而却步的数字。

思来想去，我决定还是从投资成本低的事情做起，我回忆在景德镇做雨披生意的日子，决定自己做雨披。

做雨披这个事情门槛相对低，只需要买一台小机器，到村里的雨披布专业户那里进几卷雨披布就可以了。我们村里本来就有专门做雨披原材料批发生意的商贩，我只需要花一点钱进上几卷材料，买上一台高周波热合机就可开张。做雨披工艺流程也简单，先将原材料按照雨披的模式一块一块剪切出来，再一块块简单拼起来。最后拿到机器上经过压烫，接缝后，一件雨披就成了。

为了做雨披，我把在鞋垫厂几个月存下来的工资拿出来，还把之前仅有的一点积蓄也搭上了，另外还雇用了两个人。

经过一段时间的尝试，我们的雨披是生产出来了，质量也不错，但销路成了问题。一个重要的原因是，我在义乌小商品市场没有摊位，只能以极低的价格卖给其他有摊位的人。那时的竞争很直白，商家动不动就会形成激烈的价格战，很容易导致双方都没有利润，我作为供货商更是要亏本。

村里做雨披的远不止我一个，好多家也在做雨披。不止雨披，做小喇叭、做纽扣的也有。这些小商品从外地进货到自己做，过程大致相同：村里人先从外地进货，发现做这个小商品并不复杂，基本上一台小机器就可以做，就想着自己引进技术和购买机器，雇人做。

这种生产小商品的过程，是义乌这个地方自然生长出来的，是降低成本、提高商业效率的产物。在义乌，凡有个家庭开始做某种生意后，都会带动亲戚朋友一起做。我们义乌人就是这样，一个人看到商机后不仅不会藏着掖着，还会叫亲朋好友一起参与。如果他们以后看到商机，自然也会叫大家一起，越来越多的人就这样加入一轮一轮的商业洪流中。

在知识和技术都匮乏的时代，村民们做这些事情没有任何经验可谈，就是凭着一定要让自己的生活变得更美好的愿望，靠着满腔热血。现在回过头来看，我都佩服自己在当时一穷二白情境下的勇气。

然而勇气归勇气，在事实面前还得懂低头，放弃有时候更需要勇气。

在多方权衡之下，我决定放弃继续办雨披厂的计划。因为如果继续做，只会亏得越来越多。

从陆地到水下

作为农村人有个好处，就是你退到最后，总还能回去种自家的一亩三分地，吃饭倒不成问题。然而天性使然，即使干农业，我也不愿意干面朝黄土背朝天的传统农业。

我觉得在改革开放过程中，农民的整体改变幅度是不够的。我很早就明白了这个道理，认为自己在当时的条件下靠种地来发家致富很难。"一定要离开农村"，是我的执念。

不做雨披后，我也一时找不到适合的创业方向。这段时间，我总会跑到新华书店。古语说"书中自有黄金屋"，说不定能从书中得到些许启示。

有一天在书店翻书时，我偶然看到一本关于养殖业的图书，里面详细讲述了一些养殖的方法，有图片有案例。就这样一本现在看起来平淡无奇的书，当时却看得我热血沸腾。那天中午从新华书店走出后，我感觉身上充满了能量，有使不完的力气，回家吃饭都比平时多吃了两碗。

从这一刻开始，我的心中就织满了养猪、养鱼、养鸡、养鸭等各种养殖梦。

我内心对养殖业的热情如火在燃烧，已经到了无法自拔的地步。我如饥似渴地寻找着相关的书籍和资料，在几个月的时间里一门心思地投入其中。一时间，关于养殖业的种种知识和细节填满了我的脑海。

在当时，养殖业的确是一个新兴产业，全国各类养殖专业户纷纷涌现，大家熟悉的新希望集团刘氏四兄弟更早嗅到了这股商业气息。

1982年8月，刘氏四兄弟召开家庭创业会议，刘永好率先说出了他的想法："农村农业的发展很不错，国家也支持，我觉得应该尝试一下农业。"兄弟几个迅速达成共识，纷纷变卖手表、自行车等"大件"，凑了1000元。同年10月，刘氏兄弟几个把"育新良种场"的牌子给挂了起来，这正是新希望集团的起点。

20世纪80年代初的养殖类书籍

　　也是那段时间，我对养殖业充满了求知欲，利用一切机会去观察、学习。我听说隔壁邻居有一个亲戚开始养长毛兔、蚯蚓、鱼以及貂，便特意跟着邻居一起前往参观。我在这个亲戚的养殖场里，不仅是参观，还请教各种养殖的细节。

　　那个亲戚租下村里的一块地，养了几百只长毛兔，又利用兔子的粪便作为肥料，再将部分粮食秸秆粉碎混合后，用于养蚯蚓。我去看时，见地里只要把土一拔，就能看到密密麻麻的蚯蚓，差不多一半是土一半是蚯蚓。他养蚯蚓的主要用途，是将其用来喂养鱼类，包括甲鱼、鲶鱼等。此外，他还养了一些貂，那时貂皮大衣是奢侈品，利润非常可观。除了这些，他还在养殖场种了一些桑树，桑叶用以养蚕。

　　我在养殖场跑了几天，这个养殖场大约有二十亩地大小，算得上是大规模的养殖场了。因为规模大、前景好，当地信用社为了支持他，还给了几万元的无息贷款。

看着他做得如此规模庞大，又是一派欣欣向荣的景象，我对"养殖业具有广阔的前景"这一判断更加充满信心。

我觉得我如果再不行动，配不上自己的野心，也辜负了自己曾经的苦难。

只是这一次，我收起了我的莽撞，在行动之前变得很谨慎。几个月只是到处学习，一直未跟家里人说要自己做。等到有一日，我觉得已经非常有把握了，才跟父亲说自己要做养殖，要从陆地转到水下创业。

父亲一听，眉头一皱，头也不回地走到一边不吭声了。

父亲的这种反应我是理解的，以前我折腾来折腾去一事无成，他有不相信我的理由。但我的想法又是如此强烈，即使他不同意也阻止不了我心中这团烈火。

没有父亲的支持，我要做养殖这件事就很难成行。我自己身上几乎没有存款，只有之前变卖生产雨披的机器的一点钱，根本无法启动这项我认为"伟大"的事业。钱的事情我咬咬牙总是还有办法解决，但场地却没有办法解决。我本想租别人家的稻田来养鱼，但没有任何租田的人会同意挖掉他们家的稻田。

我给父亲提的唯一的请求，就是让他把家里的三亩稻田挖掉，让我去做养殖。家里的这块田靠近公路，在我看来是一个打造养殖场非常理想的场地。

父亲对我这个"请求"，表现得极度反感。不仅是他，家庭其他成员也极力反对。大哥二哥已经分家立户，几亩田是父母、两个妹妹及我一家五口的口粮地。

那时还没有粮食买卖，各家各户都是靠自己种粮满足口腹。父亲对那几亩稻田看得很重，以前在外做生意时，农忙季节一定要回来，并且要求我们三兄弟都必须回来帮忙。在他心里，外面天大的事情都没有回家种稻子、收稻子重要。即使在农闲季节，父亲自己也会见缝插针回来料理稻田。

一个农民对土地的情怀，那种深深的执念，是很多从小生活在城里的人不能理解的。

正如著名学者费孝通先生在《乡土中国》中描述的那样："从基层上看去，中国的社会是乡土性的。很多人的祖辈都是'长'在土地的，土地所联系的是未来，是生存的根本，我们撒下的种子期盼的是一种安心，好像这粒种子起来了，心也安稳了。"

年轻时候的我，个性极强，要做的事情无论如何都会想尽办法去做。

我提出把家里稻田挖掉养鱼，再租其他人家几亩田种粮食。对于这个办法，父亲仍旧选择不理会。

养殖这件事已经在我脑中成型，我天天梦想着尽早踏出第一步。人生一世，也不过是一个又一个二十四小时的叠加。我想，在这样重复的光阴中，必须有自己的选择。

那段时间我不断地去磨父亲，常常会跟他发生激烈的争执。那一年，我与父亲之间的矛盾日益加深。每次只要我提起养殖，他总是表现出强烈的反感，狠狠地斥责我，声音里充满了无须掩饰的厌烦。他内心完全不认可这件事情，认为我是不切实际的天马行空。还未开始，他就下了结论，告诫我这又将是竹篮打水一场空的闹腾。尽管后来的事情说明，父亲的判断是对的，但"不到黄河心不死"的我当时正在兴头上，根本不听父亲的劝。

到后来，父亲一听我讲养殖的好处和前景时，就默然地走开。这种默然，其实比吵架给我带来的失落更大。当他跟我吵架时，我觉得还有说服他的可能性，因为他还在选择跟我对话。当他默然的时候，就是连对话的机会都没有了。

有时候，并不是蝴蝶飞不过沧海，而是海的另一端没有期待。

父亲的态度强烈地刺激着我，我自己也有点灰心丧气，但还是一次次跟父亲理论。我和父亲的矛盾最终升级为一场父子间的大吵，就差动手了。

20岁的我，血气方刚，跟父亲再次吵架后，不知道哪来的勇气，撂下一句狠话："我过自己的，与你们分家。"

一个没结婚的孩子与父母分家，单独立户，这是村里的一件大事。邻居和亲友都私下劝我，不要跟父母闹得这样僵。但我还是毅然决然跟家里分开。最终父母也无法忍受我整天在家里闹腾，算是默认了。于是，我独自一人搬进了三十多平方米的废弃老房子。

在这个狭小的房子里，我开始了自己的养殖事业。尽管生活条件简陋，但我满怀激情和决心。

著名作家毛姆说："人类之所以进步，主要原因是下一代不听上一代的话。"当时虽未听过这句话,但我心里有类似的想法。我觉得我一定会在父母的基础上,取得比他们大得多的成就,我对自己充满着自信。

父亲狠狠给了我一巴掌

给大哥建的婚房,他并没有全部自己用,其中一半留给父母、我和两个妹妹。从新房投入使用开始,原来的旧木房就空在那里,用来堆放一些杂物。

旧木房除了卧室外,旁边还有一间厨房,但灶台已经废弃,再旁边是一个猪圈。每间大概有十来平方米,一共约30平方米。跟这个房子并排建在一起的,是我伯伯家的房子,也是差不多的结构。

那天黄昏,暗黄的灯光照得破旧的房间阴沉压抑。赌着气的我找到一些砖块,垒起了一个简陋的灶台,又打着手电筒去小卖部买了锅、锅铲以及碗筷,就开始自己动手做饭。

寂静的屋子里除了煮饭时水沸腾的声音外,还有我内心的怒火。那一晚,我睡在稻草铺成的临时"床"上,并没有感觉到有多凄凉,而是充满了要开创一番事业的豪情壮志。

第二天一早,我就出门寻找启动我"宏伟事业"的资金和人手。父亲和大哥则趁我出去的时间,搬了一些旧家具到我的房里。当我一身疲惫回到家时,一张床、一个五斗柜、两个小木箱已经摆好了,还有一张看起来很厚重的老桌子,散发着沧桑的气息。

我回家时心中的怨气并没有平息,本应该感激的我,此刻看到这些家具反而怒火中烧。我拿起榔头，狂暴地一击接着一击，顷刻让这些家具成为一地碎片。我边砸边大声吼叫："我不需要这些老旧的东西！"

我的吼声在寂静的夜空中显得特别响亮，像一头发怒狮子的咆哮。住在隔壁的伯母目睹了我的愤怒，不敢上前劝阻，急得匆匆跑去父亲那里告知我的情况。

父亲丢下手里的活，急忙赶来，看到被我砸毁的家具后，气得脸色刷白。他举起手，一巴掌"啪"地打在我的脸颊上。

这是我有记忆起，父亲打我的第二巴掌。

因为我是最小的儿子，父亲对我总是很宽容，宠爱比两个哥哥多了很多。父亲第一次打我，是因为我在刚开始挑货郎担时跟其他人发生了争执，大打出手，结果自己受了伤。父亲心疼至极，打我一巴掌是告诫我："别人打你，你一定要跑！"那一巴掌虽然打在我脸上，但我能明显感受到父亲浓浓的爱意。

但这次不一样，父亲满脸愤怒，眼神是极度的失望和心痛。

那一刻，我突然意识到砸旧家具给父亲带来的心灵创伤，远远超过了物质上的破坏。我以一时之气，亲手摧毁了几代人传承下来的家具，它们在父亲眼中承载着家族的荣辱历史。

打完我一巴掌，父亲转身离去，消失在夜色中，不再跟我有任何交流。无论我如何呼唤他，不管我做什么，他都不回应，都无动于衷。

父亲走后，我看着满地的旧家具碎片，重新审视了自己的情绪和行为。

我砸掉这一切时，并没有想过这些家具中附着的家族情感。

我只是想告别"老旧"的过去，拥有一个崭新的未来。当时愤怒的情绪充满我的脑海，别说旧家具，如果我有自己的房子，可能连房子也一起砸了。

情绪控制力是一个人成熟的表现，我那时是缺乏这种能力的。

大约一个星期之后，母亲跑到我房子里告诉我，父亲决定将三亩稻田交给我，自己另去租别人的一块水稻田，已经跟别人谈得差不多了。

父亲亲自耕种这块稻田多年，感情很深，现在却愿意拿出来让我挖掉做养殖，还把家里最宝贵的几件家具留给我，他是真心爱我的。每个子女对自己的父母都会有一种深切的爱，但我对父亲的这种深切比一般人更深。想想从儿时读书，到后面挑货郎担，再到我创立"双童"吸管全过程，父亲都在深深地影响着我。

挑货郎担时，他告诉我"出六居四"的道理，告诉我先小人，后君子；住在东家家里时，他告诉我一早起来要把东家的水缸灌满了再自己烧饭，烧饭不要打扰东家；他告诉我商业的本质是价值交换，而价值交换的本质又是要站在顾客的角度去着想，从而引发顾客的正向反馈，自己再从中获得生存基础。

父亲这些朴素的、大白话似的商业道理，等我多年后开始认真研读德鲁克经典著作时，才知道二者有异曲同工之妙。

从1978年跟父亲一起出去挑货郎担，到2002年父亲去世，整整24年时间父亲都跟我肩并肩在一起，这段时间也是我跟父亲的密切商业协作时期。我们彼此为对方的合作伙伴，前期是他带着我，后期是我带着他。后来我创立"双童"吸管，父亲又给我当了很长一段时间的会计。

如果不是父亲带着我出去做生意，我今天可能还在种地。正是在父亲的引导下，大哥、二哥，包括我的那些堂哥堂弟、表哥表弟都在不同时期外出寻找商机，加入中国改革开放后第一批的创业大军中，浩浩荡荡奔赴全国各地。

父亲去世后，我才真正完全体会到跟他之间的亲密关系。很长一段时间，那种内在对父亲的情怀，过去的一幕一幕出现在我的眼前。他去世后半个多月，我无法承受这样的悲伤和痛苦，引发急性心肌炎，在上海的医院住了大半年之久。

父亲的一巴掌让我阶段性清醒了很多。但是那一巴掌没有让我退缩，反而让我更加坚定，决心要用实际行动来证明自己的能力。

我相信养殖会改变我的命运。我知道要面对更多的挑战和困难，但如果不去尝试，心中燃起的养殖火焰就不会熄灭，亦无心做其他事情。

20 岁的"独铁拐"

吵着分家单独立户时，我已是差不多20岁的年纪。这个年龄在农村，已经要造好房子准备娶妻生子了。到了年龄而没娶到老婆的，我们称之为"独铁拐"。因为大家都知道我和父母闹翻了，认为我不听父母劝告，一个人孤军奋战，违背父母的意愿，所以我在村里总被人在背后指指点点，我只能装聋作哑。在村里，连个给我介绍对象的人也没有，我属于"独铁拐"中的特殊分子，自尊全无。

这个世界并不在乎你的自尊，只在乎你做出来的成绩。

我从家里搬出来，对父母心有愧疚，所以也就不想再给父母增加负担。娶老婆需要修房子，我决定独立去完成。二哥自己靠打铁修了房子，算是给我做了一个示范。

"造房子，娶老婆"也成为那段时间我想拼命挣钱的核心驱动力之一。

内心虽有对父亲的愧疚，但我在行为上还是表现得很强硬。那个巴掌之后，我和父亲有一年多的时间没讲过一句话，我也没有到父母那边吃过一顿饭。

"良农不为水旱不耕，良贾不为折阅不市"，我还要想尽办法去完成我想做的事情。

1985年春节刚过，我就四处筹款，借到了2000元。之后我就在村里找了七八个人，开始挖家里的那块三亩稻田。三亩田差不多就是2000多平方米，工程量不小。

没有挖土机，全靠我们人工用锄头挖，用簸箕挑。好在我们养鱼的池塘不需要挖得太深，六七十公分就差不多了。因为水太深，底部的温度偏低，有些鱼喜欢生活在鱼塘底层，温度低时鱼生长得慢。

我们七八个人将挖出来的土往四周堆，把池塘的围堰加高。虽然只挖了六七十公分，但是加上围堰，池塘的水就在一米左右了，这样的深度养鱼刚刚好。

从鱼塘挖出来的土一部分用来堆围堰，另一部分堆在鱼塘中央，形成一个六七十平方米的小岛，整个池塘就变成一个"回"

字形。我又特意搭建了一座桥，连接中心岛和池塘的围堰。

那个年代会有人趁主人不在时去偷鱼，为了防止有人偷盗我在小岛上搭了个小房子，准备了一些日常的生活设施，包括做饭的锅灶，平时就在那里生活。

我还在池塘的围堰上，种了一些蔬菜，丝瓜尤多。为了让这些蔬菜更好地生长，也为了让池塘变得更加美观，我专门骑自行车到30公里外的北山，买来一些竹竿，搭成一个个美观的丝瓜架和葡萄架。用竹竿搭建的架子平铺在水面上，丝瓜藤顺着架子爬过去，收获的季节丝瓜密密麻麻攀附在水面上，多得不仅足够自己吃，还可以拿出去卖钱补贴家用。有段时间，我每天早上都会采摘几百斤丝瓜，挑着筐子到村里或者隔壁村去卖。实在太多的时候，我还会直接卖给做蔬菜生意的商贩。

池塘被我隔成了三个区域，其中一半用来养鱼苗，剩下的四分之一做甲鱼池，四分之一做鲶鱼池。养甲鱼的池子要用水泥砖砌，上面还要盖上沿口，否则甲鱼会跑掉。我养的鲶鱼叫埃及胡子鲶，是一种原产于非洲尼罗河流域的亚热带鱼类，这种鲶鱼在1981年才从国外引入广东，后来很快在全国得到推广。埃及胡子鲶除了吃草，更喜欢吃荤食。如果多喂荤食，它的生长速度就特别快。

我选择这种鲶鱼，纯粹是一次顺道的买卖，并没有深度考察过。

后来我才醒悟，盲目可以增加勇气，因为无法看到危险。

1985年4月，我去义乌城南办事，途中看到西旺农场有这种鲶鱼鱼苗，也没多想就买了一些。为了给鱼足够的荤食，我每天早上天不亮就骑车赶到离我们村大概三公里的一个屠宰场，拉两大桶下脚料投给鲶鱼吃。

不到四个月，这些鲶鱼就长到平均七八斤重，最大的差不多有十来斤。

你曾经偷过的懒，都将成为打在你脸上的巴掌。果然这一巴掌，也打在我脸上了。

等到我要将鱼拿出去卖的时候，问题出现了：因为这种鲶鱼成长速度太快，肉质不太好，市场需求就成了大问题，价格不得不一降再降。最后算下来，根本没挣到钱，这是我为随意选择鱼品种付出的一笔学费。

养殖场的各类花费不小，我之前借到的2000元钱很快就要花完了，不得不考虑去信用社贷款。

就我当时这种小规模的养殖，肯定是贷不到款的，我必须将规模扩大。忙碌了一阵，我带着未来10个池塘的规划书，到福田信用社申请贷款。

这个信用社其实就在离我养殖场七八百米的地方，在我兴建养殖场的过程中，他们的员工都看在眼里，对我做的事情本身就很肯定。加上20世纪80年代中期，全国都在鼓励农民发家致富，"万元户"成为流行的时尚。1985年下半年，信用社经过快速实地考察，给了我一笔3000元的无息贷款，并且没有要求我提供任何抵押物。

有了这笔无息贷款，我的底气开始足起来，胆量也就大了。我拿着这笔钱去村里投标，想把村里的小水库和池塘全部承包过来。

我们村里一共有两个小水库，六七个池塘，之前这些水库和池塘一直有人承包。村委会每三年左右也会组织承包投标，但每次中标的几乎都是同一批人。投标流程很简单：如果谁想来承包，到了投标的日子就到村支部书记家里去。工作人员发一张纸，自己在上面写愿意出多少钱。最后揭示价格，谁的价格高谁就会中标。以前中标的几个人会事先商量一下各自出的价格，把价格尽量压得很低，最后不管谁中标都是大家一起干，形成了一个利益小圈子。

那一年我决定去参与竞标，事先也没跟他们打招呼。虽然他们知道我在养鱼，是个竞争对手，但并没有把我放在眼里。结果，我在这次投标中了四个池塘，相当于把村里一多半的池塘都拿了过来。这批人非常不开心，愤愤地看着我。我一看形势不对，临时决定不参与水库的投标了。

我知道抢人家部分饭碗是无奈，但不能把饭碗全部抢过来。

有了这些池塘，再加上之前家里挖的池塘，我的事情就多得忙不过来了。每天天不亮就起来，晚上很晚才睡，半夜还要盯着池塘，怕有人过来偷鱼，几乎每天晚上都不能睡个安稳觉。最后身体实在顶不住，就找了一个表弟过来帮忙，按月给他付工资。

为了进一步扩大养殖规模，我还租了十五亩土地来种植鱼饲料所需的草料。我看的养殖书籍告诉我，养鱼也需要一个完整的产业链。在这个链条中，饲料是起点，接着是养育鱼苗，最后还可以进行成品鱼的深加工。

那一年，刚20岁的我，体重尽管还只有一百来斤，却承担着养殖四个承包的池塘、三亩自家池塘的重任。天天在阳光底下劳动，我被晒得黑不溜秋，看上去就像营养不良的人一样。

尽管忙得昏天黑地，鱼苗投了很多，饲料也没少放，但到年底时我竟然发现池子里的鱼极少极少。

我沮丧纳闷了好几天，最后有人提醒我，是不是有人故意偷你的鱼呢？我脑子一闪，大概明白是怎么回事了，多半是原来那几个承包户搞的鬼。

回想起这大半年，为了防止有人来偷鱼，我可以说是殚精竭虑，呕心沥血。

我有个承包的池塘靠着村口的马路边，尽管人来人往，也常有人去偷鱼。刚好我姐夫离得不远，我就委托我姐夫帮着我照看，他打开窗户基本就能看到，比我方便很多。

两个月后，我又不放心其他偏远一点的池塘，就开始在最远的一个池塘边搭了一个茅草棚，晚上自己拿着手电筒去几个池塘巡逻。茅草棚内没有通电，天黑了就只能点油灯，或者靠手电筒照明。

这个池塘边就是我们整个村祖坟聚集地，密密麻麻都是坟墓。说实话，到了大晚上，一个人还是很害怕，睡觉时常把自己卷得像只刺猬。即便如此，外面稍微有点动静我就会紧张，心都要跳出来了。

晚上不仅睡不好，在守鱼塘的过程中还遭遇了很多悲苦的时刻。

有年冬天下了一场很大的雪。半夜时，我发现茅草棚开始漏水。可能是因为雪大把茅草棚压塌了一点，加上屋里面生了一个火盆取暖，导致屋顶的雪水滴了下来。大晚上的，我一个人把床铺左挪右挪，硬是找不到一处不漏水的地方。床上也滴了不少水，无法睡下。眼看就要天亮，结果整个茅草棚被雪压得没撑住，"啪"地全部塌下来。

我一个人站在寒风雪雨之中，看着塌掉的茅草棚，又困又饿，一股悲凉的情绪涌上心头。天一亮，我就不得不去找木条，重新把这个茅草棚架好。

多年以后，我去成都讲课时到杜甫草堂参观，看到复原后的"诗圣"茅草屋，心里想，这比我当年的茅草棚，不知要好多少。

养猪专业户

1985 年 10 月 23 日，邓小平同志在会见美国时代公司组织的美国高级企业家代表团时，说出了那句著名的话——"一部分地区、一部分人可以先富起来，带动和帮助其他地区、其他的人，逐步达到共同富裕"。

在"发家致富"口号的感召下，许多农民开始积极寻找致富途径，主要是通过学习新的技术，专注于某种特定的农业生产或经营活动，逐渐形成了一批新型的农村经营者，被称为"专业户"，我也想成为一名"养猪专业户"。

我们村附近有个叫"西旺农场"的良种场，我小时候节假日常去那里打工。良种场有各种家禽家畜的幼崽出售，其中就有小猪崽。不过这里出售的这种猪长大后力气很大，虽不咬人，但凶得像狼一样，一般人家不敢养，我当时就是从西旺农场买的这种猪崽。

我养猪这件事情，跟养鱼差不多同时发生。

前面说过我种了十五亩地草料，这些草既可以喂鱼，也可以喂猪。我想着我住的旧房子本来就有猪圈，就觉得养猪这个事情有场地，有饲料，做起来顺理成章。说不定在成为"养鱼专业户"的同时，也可以成为"养猪专业户"。

之所以要养猪，还有一个重要原因是猪粪可以拿来当鱼饲料。我在猪圈旁边挖了个粪坑，猪、人的粪便都在这个坑里，用来给各种作物施肥。现在的人可能不能理解，但那时动物粪便是很珍贵的有机肥，种地都要靠这些去施肥。

这样一来，在池塘空间内，草、鱼、猪等形成了一个生态循环。

这种思维到后面我在做企业的过程中，一直影响着我。虽然过去了几十年，从我创立"双童"到后来做创业平台，在厂区建设和管理经营中一直渗透着这种生态思维。我在做一件事情时，总是会考虑到将其他几件相关事情衔接、打通，打造互利的环境，放大彼此的价值。

比如现在的"双童"厂区，我们会将员工洗脸、洗澡、洗衣服所产生的废水通过厂区管道井汇集到废水池，用活性炭和细沙进行隔离过滤和技术处理。经过技术处理之后的水再汇聚到大香樟树下的土壤层生物沉淀过滤池，再次进行生物吸附处理，最后处理之后的水，会全部储存于中水回用池中，我们会在中水回用池里养鱼、养荷花甚至是浮萍，对水进行再次净化，最后经过处理的水就已经达到了三类水的标准。这些水虽不能直接饮用，但可以用于厂区绿化喷淋、洗手间抽水马桶冲洗用水和道路清洗。

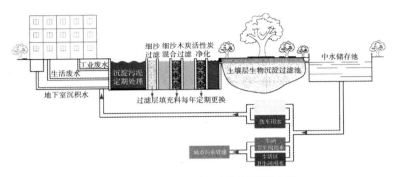

"双童"厂区的废水处理及中水回用示意图

我们再回头讲述当初养猪的事情吧。在我的悉心照料下，四头猪长得都很快。

这些猪小的时候还好养，在猪圈里面吃饱了就睡觉。但养到一百来斤的时候，情况就有些不妙了。

我住的旧房子是个木房，两层小楼。这些猪吃饱之后，会在房子里到处跑，不仅在楼下，还能自己爬到楼上。猪小的时候只要我锁上房间门，它们就不会进房子，也还算是安全。我在家的时间不多，也就由着它们自由自在地在家里到处跑。

到猪长大到两百多斤，情况进一步恶化了。

猪重起来后，它们在爬楼时把楼梯和阁楼的部分木板都踩破了。有时候四头猪晚上一起往我房间里钻，睡在床铺底下；等早上四头猪醒了，直接把我睡的床铺掀翻了。气得我迷迷糊糊之下，拿起竹竿一阵乱打。

这算是小祸，勉强忍忍也就过去了。这些猪给我闯过的最大一次祸，让我终生难忘。

前文已经交代过，我的木房在大伯家隔壁。有一次我不在家，那些猪跑到我房间里，之后竟然跨过两家设置的隔栏，闯进了大伯家。这些猪在大伯家到处乱冲，顺着他家楼梯爬到了二楼。大伯在二楼放了一大罐猪油，是用了一整头猪的板油熬制成的，是他们家大半年的用油。

结果，那四头猪一上去就把这一罐猪油踩破，弄得满房子都是猪油。不仅如此，这些猪还把大伯家储存粮食的粮仓也撞破了。

大伯发现后，气得青筋暴起，跑到池塘那边找到我，生生把我揪了回家。一到家，我目瞪口呆地看着猪油、粮食洒满了一地，一头猪还在到处乱窜，一点没有停息的意思。婶婶也气得不得了，站在那里破口大骂，声音很大，村里的人也都被吸引过来了。

见此情形，我赶忙连连道歉，当即承诺在经济上给足赔偿，并保证以后绝不会发生这样的事情。

话虽这么说，但如果把猪继续养在老房子里，实在无法保证四头像狼一样的猪不会旧戏重演。思虑之下，我决定将猪转移到鱼池的小岛上。

我把岛上原来种蔬菜的一部分地分出来，用大块的水泥砖盖了一个房子，再在上面盖上油毛毡，房屋很结实，我想这样应该安全了。猪养在小岛上，还有水面做隔离，应该不会影响其他人。

没承想这些猪刚住进去没几天，居然一个个开始学着往上跳，想从棚内跳出来。很快几头猪就掌握了从茅草屋顶跳出去的本领。它们不仅会从茅草屋跳出来，甚至还会像鸭子一样从水里游出去，跑到别人家的水稻田里翻滚。

此时的水稻已经开始分穗，过些时日就可以收割，结果被我养的几头猪用了不到半刻钟的时间，压坏了一半。我使劲吆喝，几头猪像是放出笼的鸽子一样，一路欢歌往远处跑，我骑着自行车居然都追不上。

最后那几头猪终于从田里出来往熟悉的老房子里跑，我试图把门锁住，结果它们又把门掀倒了。

这下真是闹翻天了，周围的村民都凑过来看热闹，很多人直言一定要我赔偿稻田的损失。我叫来姐夫一起控制那几头猪，拿着竹杠子好不容易将它们赶到小岛上，重新盖上屋顶并用重重的石头压上去。之后我又到水稻田里，找到稻田主人赔礼道歉，帮他们把水稻扶正，也按照他们的要求进行了赔偿。

猪长得更大之后，又有几次跑出来的经历，有一次甚至差点跑到城里。

这几头本想生钱的猪，结果却变成让我抓狂的闹心猪。这种猪本来要长到五六百斤才有经济回报，我实在等不到那个时候，一咬牙卖掉了。最后算账，养这几头猪不仅没挣钱，还亏了几百元。

泪落鄱阳湖畔

20世纪80年代中期，随着人们对甲鱼营养价值认识的加深，原来无人问津的甲鱼开始价格飞涨，洞庭湖、鄱阳湖一带开始人工养殖甲鱼，洞庭湖畔湖南省汉寿县一度成为闻名全国的"中国甲鱼之乡"。

我正是在这个时期，看到养甲鱼是一条致富的康庄大道。

那时要买到甲鱼苗，不仅贵，而且货源非常难找。

我在义乌周边打听了很久未果，最后终于有人告诉我江西鄱阳湖畔的鄱阳县一带才有小的甲鱼苗。打听到货源后，我就急忙带了一个包，里面放了大概两百元钱就出发了。

鄱阳县我以前去过一次，对如何过去还有些印象，一路倒是顺利。

到达鄱阳县时，天色已晚。我特地找了一个靠湖边的旅店住下，这样便可以在第二天一早就近在湖边买到鱼苗。

20 世纪 80 年代的鄱阳湖畔

赶了一天的火车，太累，我到旅店后倒头就睡，一觉醒来已是早上六七点钟。眼睛一睁开，发现衣服和放钱的包都不见了。我心里一颤，心想这下坏事了。

我身上只穿了一条内裤，裹了床单就找旅店老板。老板很不解，连忙跟我一起回到我房间里看看怎么回事。进到我房间，才发现纱窗被戳了一个洞，窗户也被打开了。老板判断说："可能有人看到你露财，趁你睡着时把衣服和包从窗户勾走了。"

我着急得胸口有些绞痛，还是忍着性子跟旅馆老板理论，让他赔偿。老板说他也没办法，这不是一笔小钱，他赔不起。这样的事情在那个年代经常发生，他也见怪不怪，只答应借给我一套他的衣服。

我穿着向旅店老板借的衣服，匆忙跑到当地派出所，跟他们说我的遭遇。派出所找到旅店老板，从中调解。最终老板只答应赔给我 5 元钱，差不多就够买一张从鄱阳到义乌的车票。

我又心疼又气愤，穿着旅店老板的衣服回到义乌。临走前，旅店老板还千叮咛万嘱咐，让我把借穿的衣服寄回去。

回来之后，我气愤难消，在他的旅馆丢那么多钱他不赔偿，居然还惦记一套衣服，因此我也就完全没理会还他衣服这件事情。不久之后，旅店老板竟写了一封信到我们村里投诉我。

虽然第一次出师不利，但我还是不死心。

第二次再去时，我又带两百多元钱。这次晚上住宾馆时，我就特别小心，不敢睡得太沉。第二日，我在沿湖的一处地方找到了一些价格相对合适的甲鱼苗，买了大概四五十斤装在编织袋里。

　　时值七八月份，天气炎热。因为经验不够，我坐火车回义乌的过程中根本没注意甲鱼苗的生存状况。回到家里，打开编织袋时才发现甲鱼苗已经死掉一大半。剩下一些活的扔到水里，也在几个月的时间里一个个命归西天。有时候我眼看着有甲鱼快不行了，只能赶紧杀掉，几乎顿顿吃甲鱼肉，边吃边哭。

　　前后在鄱阳湖畔折腾了两次，投进四五百元钱，结果血本无归。

　　人的坚强和脆弱往往都超乎自己的想象。有时，可能脆弱得一句话就泪流满面；有时，也发现自己咬着牙走了很长的路。我对养殖的执着，即使到了这样的境地，还是不死心。

　　不久，我又踏上了第三次前往鄱阳湖畔的火车。

　　为了避免上次的情况出现，我特意等到大约10月份天气凉一些才去。这一次比较顺利，我收了五六十斤小甲鱼，运到池塘时基本上没出现死掉的情况，这下算是真正养起了甲鱼。

　　那些甲鱼苗长得很快，起初只是二三两的小甲鱼，到了第二年已经长到半斤多，大的甚至有了七八两。然而夏天一到，我又看着它们一只只离奇地死去。

　　"纸上得来终觉浅"，我按照书里教的方法，该用药的情况就用药，该治病的就治病，但不知道为什么，甲鱼还是一批一批死掉，我心中的绝望越来越浓烈。有时候我呆坐在甲鱼池塘，凄冷的黑夜让我满怀无尽的悲伤。

　　我想弄清楚真相，于是将池塘的水抽干，一个差点让我吐血的结果出来了：投养了几百只小甲鱼，可是在池子里爬着的一共就不到十只甲鱼，其他的都不见了！

我半天说不出话来，无法理解怎么会发生这件离奇的事情。投入了如此大的热情，前前后后花了上千元钱，最后却是竹篮打水一场空啊！

这件事让我对养甲鱼的激情消退了，每天晚上都在各种懊恼中醒来。一段时间后，我又独自回到鄱阳湖畔，决心跟这里彻底告别。我望着鄱阳湖广阔的湖面，泪水无声地流淌，"问君能有几多愁，恰似一江春水向东流"正是那时我内心的真实写照！

后来反思养甲鱼这件事情，我还是太理想主义了。搞养殖这个行业，拥有理论是一方面，实践经验更重要。我仅仅通过书本上的文字，就觉得应该要怎么养，给什么样的饲料，用什么样的药，水深要多少，多长时间做一次清理……这些都在纸上，跟实际面临的情境差别很大。

折腾近两年，实际上完全是一个盲目的过程。有人说失败有两种，一种是光说不练，另一种是有勇无谋。我想我在养甲鱼这件事情上可能是第二种。

最清晰的脚印，总是印在最泥泞的路上。

直到今天，这个经历依然深深地刻在我的记忆中，成为我人生中无法磨灭的烙印，也是一个遗憾。后来我在建"双童"二期厂房时，特地在楼顶修了一个甲鱼池塘，养了五六百只甲鱼。这些甲鱼我自己不怎么吃，但我就喜欢养殖，也许它寄托着我曾对生活的一种情感吧。

梦碎养殖

很多事情并不是放不下的，只是不想放下罢了。触电事故的发生，就让我彻底放弃了养殖梦。

我的池塘分三个区域，甲鱼区损失惨重，鲶鱼区出路艰难，还有一个区域是鱼苗区。

鱼苗到了一定大小，一部分可以用来出售，另外一部分可以转到我投标来的池塘里养。要把鱼苗从一池水里捞出来，最有效率的办法就是先抽池塘的水，等水抽得差不多时，鱼苗就很好捞出了。

但鱼苗很娇贵，经不起折腾。卖鱼苗的时候正值八月份，温度很高，因此鱼苗不能在大白天捞，否则大量会被热死，一般都是在晚上给池塘抽水，天还没开始亮之前把鱼苗捞出来。

我找人借了一台抽水机，一个人大晚上开始抽水。

晚上机器开始工作，我只能守着不敢睡觉。因为池塘的水不能完全抽干，但也不能留得太多，否则不好捞鱼苗。

当第二天天刚蒙蒙亮时，我终于将池塘的水抽到合适的范围，将鱼苗捞好了放在网箱里，准备下去把抽水机的电线拔掉。

池塘边上是稻田，电线是从100多米开外的电线杆那里拉过来的。正好水泵跟电线杆中间的电线上有一个接口，打了一个结，粘上了电胶布。

我那时困意正浓，迷迷糊糊地忘记了拉电源闸刀。

我下水田去拆电胶布，一拆发现电线直接黏到我手上，甩也甩不掉。我才意识到，我没有拉电闸。

我一下子心慌得不行，站在稻田里拼命拉电缆线，嘴里不停地喊："救命，救命。"喊的过程中，我腿一软，人就直接往后倒下去了，这一倒反而救了我的命。

如果我当时是往前倒，就正好扑到了电线上，还能不能活着就很难说了。我在往后倒的过程中，自然而然把前面插在烂泥里的脚拔出来了。我意识还算清醒，在倒下的过程中，用脚蹬了一脚手拉着的电缆线。经我一蹬，电线正好掉在了水稻上面。当时电线如果掉在水里，我就又完蛋了，因为水面会导电。

我的求救声引来不少人。一开始大家都不敢下来，因为都知道水稻田触电不好救。我把电缆线踢掉之后，人才自动脱离危险，但自己也晕过去。大家这才把我从稻田里拖到了田埂上。

醒来时，我已经躺在了病床上，父亲正握着我的手焦虑地看着我。虽然我们很久没有说话，可心里的感情是没有变过的。父亲眼中含着眼泪，温和地告诫我，以后一定不可以再这样折腾了。

那段时间，父亲为了照顾我，一趟趟地跑医院，给我送饭送菜，开导我。

人经历过一次重大磨难以后，会更需要亲情，更需要关爱。死里逃生的我终于明白，前面挖了那么大一个坑，走了那么长一条弯路，还是没有父亲有深思远见。他对我的了解远远超过了我对自己的了解。我看着憔悴的父亲，轻声对他说："对不起！"父亲看了看我，嘴角露出了一些笑意。

那一次触电，高压电把我的左手食指、中指和无名指的一部分烧到骨头，中指的神经被烧断，至今留下残疾。

我在医院做完手部手术之后，回家躺了一个多月。后来大哥、二哥和姐夫们一起帮忙，把池塘里的水抽掉，把剩余的几百斤鱼打捞起来卖掉，换了点钱。

我的养殖梦，在我走出医院住院部大门的那一刻，彻底破灭。

回想那两年的养殖历程，虽然我有雄心壮志，却又盲目发展，除了身心俱疲，并没有得到什么回报。

那次打击使我变得懒散，不再像先前那样勤奋。租来的土地荒废了，种植的丝瓜也只能烂在藤上，之前找信用社借的3000元钱无息贷款自然无力偿还。

有时候逼着你往前走的，不是前方梦想的微弱光芒，而是身后现实的万丈深渊。那段时间，我就是如此。

我不得不又从村里"逃"出来，开始做生意还账。我在外做生意时，信用社的人找不到我。但只要我回村，他们就会追着要我还款。我手里有多少钱就还多少，有1000元就还1000元，有500元就还500元，慢慢把所有欠款都还掉了。

还完钱的那一天，我把家里的水稻田填平，恢复到原来的状态。填上时，我对自己说，这也是把自己人生的坑给填上了。

在我们的生活中，会有大大小小的坑等着自己。如果自己在前面遇到很大的坑并能克服之后，后面那些小坑也就无所谓了。就如我掉进养殖这个坑，努力一番后未成功，却让我在今后的创业道路上，内心强大了，力量也释放出来了。当人真正经历过生死，再面对困难就会有强大的毅力，有极大的韧性去面对未来的不确定。

养殖的两年是我人生经历中的一次巨大起伏，后面我经历的事情，和养殖相比都不算什么。后面创办"双童"的30年，不管遇到什么问题，我都觉得不是什么大事。到现在，我感觉自己更通透，内心更强大，遇到重大问题的时候也不会再产生那种紧张的感觉。比如疫情持续三年，我就没有担心过。我觉得环境如果是这样，就要去适应它，不要抱怨。抱怨从来不是能力，适应才是，适应会让自己和组织变得更有韧性。

我也经常引导我的团队，不要抱怨。如果抱怨，就是在找借口，相当于把理由推到了一个所谓的原因中，而不是从自身找。

我曾经于2021年11月在北京大学讲课的时候，这样回答学员提出的关于组织韧性的问题："在今天这个社会，企业的速度、反馈、反应可以很快，但快的背后是定力，而定力来源于组织韧性。我为什么把长期主义作为'双童'核心价值观之首？就是因为长期主义就是组织韧性的一种表达。而组织韧性，它一定来源于某个领导者的个体韧性，而个体韧性又一定来源于岁月的锻造和磨炼，教训的堆积和自我的反思集成，它是自然而然的产物。"所以我经常说"必然是以往无数偶然的连接和反馈"，韧性造就了我，让我有极大的耐性来解决面对的问题。

第六章

再踏千山万水

生活总是让我们遍体鳞伤，但到后来，
那些受伤的地方一定会变成我们最强壮的地方。

——海明威（Ernest Miller Hemingway，1899—1961），美国著名作家

回村的养殖生涯最终以巨大的亏损，以及几千元无力偿还的信用社贷款收场。为偿还债务，我不得不再次踏遍千山万水，重新开始在全国更大范围的奔波。这一时期，我也完成了娶妻生子等人生大事。

追随"包子军"

我在村里从事养殖的几年，义乌小商品市场已悄然发生了剧烈的变化。

在低门槛准入政策的大力扶持下，义乌小商品市场经过几年的发展，形成了"凹地效应"，不仅极大激发了义乌人的经商热情，也使得全国各地的小商品能够快速汇集到义乌，进一步扩大了义乌小商品批发市场的规模，各种贩卖和批发小商品新兴渠道也接连涌现。

此时，1982年兴建的义乌湖清门马路市场已经容纳不下数量剧增的个体经营户了。县政府为顺应市场需求，于1984年12月在新马路建成了义乌第二代小商品市场，占地面积1.35万平方米，固定摊位1800余个，俗称"新马路市场""摊位市场"。

除了大批外地商贩来义乌从事小商品批发业务，这个时期义乌还出现了大量以贩卖义乌小商品到全国各地批发的商贩。当时还未出现专业的物流公司，所有义乌的小百货都要靠商贩们扛着大包小包在火车上带走，这些商贩就被人们形象地称为"包子军"。

"包子军"将在义乌小商品市场配好的小百货送到全国各地，赚取一定差价而获利。那几年，义乌火车站可谓人山人海、熙熙攘攘，候车室都是背着大包小包的"包子军"。过义乌的火车一停下来，车厢窗口马上就被他们占据了。这个场景，当时经过义乌火车站的人都应该有些记忆。

我的养殖梦破碎后，也跟同村的伙伴儿一起加入了"包子军"，帮商贩在全国各地跑腿。这有点类似古代"镖师"的角色，只不过我押送的是义乌的各类小商品。

为了将这些大包小包在火车短暂停留之际快速搬运上车，我要提前做好准备，先把大包小包用绳子扎好，前后各背一个，手上还要拖一个。由于我个子小、体力弱，每次做这件事情都是在挑战我的体力极限。

坐火车通常要坐十几个小时甚至更多，但能买到座位票的机会极少。如果买到的是站票，我会提前准备好一块塑料布或几张报纸，上了车就找个没被人占的座位，往底下一铺，跟着钻进这个一尺多宽的空间躺着，以熬过漫长的白天和夜晚。到了指定的站点，会有人来接应这批货，我们就算完成了"押镖"。然后我们马上返回义乌，再转战下一个目标。

我就这样跟随着"包子军"，将义乌的小商品倒腾到全国各地，挣一些"押镖"费。

加入"包子军"的第一年，我最远到过兰州、乌鲁木齐、喀什，第二年又去了广西的北海、柳州、南宁，湖南娄底等地，一两年时间跑遍了小半个中国，可以说是现实版的"南征北战"吧。

远战北线

去新疆"押镖"的日子，给我留下了难以忘却的记忆。

改革开放初期，中国的交通运输运力有限，一般人出远门，火车是首选。义乌离乌鲁木齐的直线距离约4000公里，从义乌去乌鲁木齐，没有直达的火车，中间必须在上海换乘。别看现在从义乌到上海的高铁只要一个半小时就能到达，当年坐火车至少也要七八个小时，更不用说上海到乌鲁木齐要坐六七天时间了。去一趟乌鲁木齐，我感觉像被扒了一层皮。

第一次出发去乌鲁木齐，我一个人要运送大约20个包裹，而且这个包裹比去其他地方的要更大，因为大老远跑一趟不容易，能装就尽量多装点。装货物的不是常规的蛇皮袋，而是比较重的麻袋，因为蛇皮袋可能会在长途行程中破掉，很麻烦，而麻袋就相对结实些。

我将小百货装在麻袋里，在上端扎一个洞，穿一条长毛巾，把两个包绑在一起背起来，一共大概一百来斤。一个人很难一次性将20个包裹都拿到站台，我就从村里叫上十来个年轻人，一个人给2元钱让他们一起帮忙。火车站那边，我还得提前联系好，让车站允许我们用板车把这20来个包裹先拉到站台边上。

等火车到达义乌站后，我的首要任务不是把包裹扛上车去，而是想办法抢到车门的位置第一个上车，因为火车停留的时间非常短，包裹又很多，按部就班肯定来不及。所以每次火车还没完全停下来，我就跟着火车一起跑。等列车员一开门，我便像老鼠钻洞那样"咻"地一下窜进车厢，找到约定的车厢位置，打开窗户把包裹接进来。

如果是夏天，倒是不需要特意开窗户，因为窗户本来就是开着的，用于透风乘凉。那时绿皮火车没有空调，只有一些小电风扇开着降温。如果是秋冬，火车的窗户会关闭，否则秋冬的寒风会让车上的人受不了。在这种情况下，就需要我快速把窗户打开，下面帮忙的人赶紧把一个个包裹从窗户里塞进来，那场景跟打仗一般紧张。

火车到达上海站时，一般都是晚上。我现在都还记得到上海站后，需要先在3号站台下车，再转到11号站台才能转乘上去乌鲁木齐的火车。如果包裹比较多，怎样才能做到安全、快捷地把它们送到11号站台呢？

一般来讲，一列车去乌鲁木齐的"包子军"不会只有我们几个人，还有其他同行。为了让大家都能赶上下一班火车，我们相约，等火车一到上海站，大家快速将自己负责的包裹扔下去，留下一个人照看，剩下的人则迅速将包裹扛到11号站台。

从3号站台换乘11号站台，要先爬一段楼梯，再经过一个天桥。路虽不远，但每个人要把自己负责的众多包裹一个个搬过去，需要来回扛10趟，一个多小时下来，大伙儿都快累虚脱了。

那时火车站管理还不规范，有时候为了能快点到换乘站台，不少人就不走天桥，直接从火车轨道穿过去。幸运的是没有人发生过意外，但现在想起来真后怕。

几天之后，伴随着窗外一路荒芜的"风景"，火车终于要到乌鲁木齐站了。此前我们就跟乘务员打好招呼，让他们请火车司机在离乌鲁木齐站十几公里的一个小站提前把速度降下来，我们准备提前下车。

之所以这样做，主要原因还是老板为了省行李托运费，因为大站管得严，超重的行李需要补不菲的托运费，而小站则不怎么管这些事。为此，从义乌上车前我们会发电报给接应的人，告诉对方我们是哪一趟车，几点到站。当火车即将到达到小站时，我们就开始往下扔包裹。等包裹快扔完了，火车刚好停下来，我们抓紧时间再把这些包裹装上事先雇好的汽车上，运到乌鲁木齐市区的住所。之后，这些货物会被板车一车车送往乌鲁木齐各处的市场批发给当地商贩。

在"包子军"的带动下，乌鲁木齐本地也有一些商贩为低价进货，一批一批长途跑到义乌来进货。当时义乌县前街旁边的几个小旅馆，长期被从乌鲁木齐来义乌进货的人住满。

我最远的一次到了喀什，痛苦的经历让我此后很长时间都不想再去新疆。

从乌鲁木齐前往喀什，坐的是破破烂烂的长途汽车，车厢里非常拥挤，味道也特别大。在坑洼不平的公路上颠簸了三四天到了喀什，下车后我感觉身体快要散架了。更倒霉的是，在喀什，我们遭遇了在南方一辈子都没见过的恶劣天气——沙尘暴。

20世纪80年代初期的新疆比较贫瘠，风景原始粗犷，沙尘暴肆虐，阿克苏地区一年居然有100多天会扬沙。如今。在柯柯牙纪念馆里保存着当时描写新疆的记录："狂风席卷着漫天黄沙，呼啸着从远处扑过来，刹那间，飞沙走石，天昏地暗，遮天蔽日。"从1986年起，新疆启动了柯柯牙绿化工程，广大干部群众和技术人员一头扎进恶劣的沙土环境中，在昔日的荒滩戈壁上建成了南北长25公里，东西宽约2公里的"绿色长城"，被联合国环境与资源保护委员会列为"全球500佳境"之一。这是后话。

几天的"沙石之旅"让我身心俱疲。我母亲有支气管炎，可能受其影响，我的肺活量也不太大，所以比一般人更难受。对我来说，尽管第一次来这里，却完全没有欣赏风景的冲动。当一个人连生存都没有很好解决的时候，再好的风景都不过是过眼云烟。但如果你的心境好，不用为生存烦恼，就处处都是风景。我常说，饿着肚子的人，是不会欣赏风景的。

多年之后，我和家人专门去了一次新疆，游历当年走过的地方，对新疆的印象完全不同了。现在的新疆，蓝天白云，层林尽染，物质丰富，成为人们旅游特别是自驾游的好选择。我惊叹新疆的大美，赞叹新疆人民的勤劳善良，也享受旅游带来的快感。这说明，人的心境变了，认知完全会在两个不同的维度。

跑一趟乌鲁木齐，我大概能得到100元钱的收益，但来去至少要花半个月时间。有时候在那边多待几天，差不多就要20天的时间，基本上一个月也就够跑一趟。

跑了一段时间后，我挣到了一些钱，也积累了一些人脉，就开始鼓动父亲加入"包子军"。那时我们村已经变成倒货专业村，"包子军"阵容越来越强大，父亲也看在眼里，经过我的一番介绍，他很快就动心了。

转战南线

如果说兰州、乌鲁木齐、喀什是我参与"包子军"的北方战线，之后我又加入南方战线，主要跑广西的柳州、南宁、北海，后来又跑了江西的南昌。

相比北线，南线气候的适应性，交通的便捷性都要好很多，这也吸引了我们村很多人去那里跑线，有到长沙的，有到柳州的，还有到南宁的，最远的到了北海。

广西这条线，我最开始是跟着隔壁村两个亲戚去的，他们对那边比较熟。我之所以跟着他们去扛包，目的是想学着在那边做生意。义乌有这种亲戚带亲戚的传统，我边帮他们干活边学习他们的经验，回来之后可能就自己去做。

到了北海，这两个亲戚到处去推销从义乌带来的小商品，我也跟着帮帮忙。

等熟悉了北海的路线后，我就鼓动父亲跟我进了一些货，一起去稍微近一些的南宁。

　　那边有父亲的一位表兄弟引路，答应帮我们提前租房子。至于我们带的货，则要我们自己去推销。我们推销小商品的方式其实很简单，只要看到有摆摊的，有杂货铺的，就跑过去问问店家是否感兴趣。

　　我和父亲很早就在外做生意，推销小商品比较有经验。与做其他生意一样，我们还是坚持尽量避免正面竞争。作为广西的省会，在南宁做生意的生存空间足够大。如果发现一个区域内有竞争者，我们就找另一个地方。

　　我们租用当地的三轮车拉货物，骑到哪儿就推销到哪儿。一天能跑很多地方，比之前肩挑腿走要快很多。

　　相对本地的货品，来自义乌商贩的货品在价格上具有明显的优势。很多摊贩其实拿的不是一手货，比如摊贩说是到长沙拿的货，以为这些商品来自长沙，其实是从义乌来的。这些摊贩拿到的商品已经是转手两三道的了，价格肯定比我们这些直接在义乌进货的高得多，同样的商品，我们的价格更低，所以基本上是一谈一个准。

　　义乌的小商品出货价都很低，即使我们将报价翻倍，在本地很多摊贩看来价格还是很低的。因此一般情况下，我们总能挣到一定的利润。那个时代信息流通比较封闭，很多生意其实是在赚信息不对称的钱。当然，我们偶尔也会碰到一些摊贩，说他们已经从义乌商贩那里拿过几次货，价格已经非常清楚了。在这种情况下，为了争取到这个客户，我们就要让利，导致利润减少，甚至有时是无利可图。

　　推销产品实际上是一个双方博弈的过程。如果价格报得很高，销量可能就上不去，回头客就少。一个成功的销售往往要看环境、看人，在不断博弈中定价。父亲挑货郎担的时候就跟我说过："喊出去的价格不算价格，人家接受的价格才是价格。"我推崇一句话叫"价无定势"，它借鉴了老子"兵无常势，水无常形"的思想，成为我做生意的座右铭。

第一次去南宁，因为本钱不多，我和父亲两人分别扛了两个包，共价值两三百元钱的货。但由于货源价格优势，加上我和父亲丰富的推销经验，带去的货没到三天就全部卖掉了，可谓"旗开得胜"啊！

那一年，我和父亲主要在京广线沿线的一些城市推销，从广西的北海、南宁、柳州，再到湖南的娄底、长沙等，都成为我们的落脚点。

从做生意的角度而言，离义乌越近，商贩就越多，竞争也就越激烈。比如长沙我去了一次就不再去了。按照车速，义乌到长沙大约要十七八个小时，而到南宁要再多十个小时。尽管长沙的市场规模很大，但市场上全是义乌人，熟悉的乡音四处都能听到。

毫不夸张地说，那个时候几乎每一趟经过义乌的火车上，都坐满了去全国各地做生意的义乌人。义乌的农民大部分都走出了土地，因为他们看到周围的人变得好起来，也会想着自己能不能好起来。这种想法是很自然的，是基本的人性。而且义乌的农民走出去有一个好的现象，只要有一个人发现了机会，就会你带我、我带你，发展为集体行动，走上共同富裕之路。

我和父亲去一趟南宁，基本上能赚一两百元钱，虽然不是很多，但比起先前做"包子军"帮别人"押镖"，已经好了不少。每次我们挣到钱，就会加大进货的数量，将挣到的钱滚进去。

在南线推销义乌各类小商品的期间，我偶然在与人聊天中，了解到倒腾进口小商品可以挣大钱的信息。那天是在返回义乌的火车上，我和几个义乌人一起去餐车吃饭，其中有一个同龄人得意洋洋吹嘘，说自己最近在做什么生意，挣了多少钱。我不禁好奇他到底在做什么生意，能挣那么多钱。这个人一兴奋，就滔滔不绝地说起来。倒腾进口小商品的生意信息就是从这个途径得到的。

经历过那个时代的人都知道，将一个地方的商品倒腾到另外一个地方售卖，赚取差价是十分普遍的现象。当时商品经济不发达，政策还没有完全放开，使得这种倒腾就成了在特殊时期游走在法律边缘的生意。

尤其是对一些高利润的产品，大家都趋之若鹜，贸易盛极一时，门槛也不高。我看到同村几个好友帮我一个堂姐夫跑腿，一起在各地倒腾商品。那时做这个生意的人大多从广东、福建沿海城市进货运回义乌，再从义乌贩运到全国各地。而我这个堂姐夫却另辟蹊径，他想办法从南昌各大涉外宾馆用外汇券购买从正规渠道进口的国外商品，再贩运回义乌。

受到这条信息的启发，我开始琢磨着能否在经营正常生意的基础上，稍微夹带一些这样的进口商品多挣一些钱？

其实在此之前，我也想过用卖货挣到的钱，从广西倒腾一些当地的货物到义乌赚取差价。最初我尝试着贩运广西的土特产，但发现土特产太沉，而且义乌人也不怎么接受那些土特产的口味。后来我又倒腾广西的热带水果，结果因为天气热，水果放在车上一天就烂了，不仅挣不到钱，还血本无归。

但是一些价值高且小巧的进口商品倒腾起来就方便多了，有时候一个小小的产品倒腾掉就可以挣到10元钱。如果在进货过程中，带十来个，就能赚一百来元钱。

然而倒腾进口商品也是有风险的。在广州、汕头、厦门等货源地已经开始检查是否携带进口小商品，但在南宁还没听说有被查的情况。我就想不行先试试看，就当是补贴一点摆摊的利润。

我学着堂姐夫一样，从涉外宾馆里购买一些进口小商品，但涉外宾馆小商品数量不多，有时候跑几个宾馆也只能收到一点。

在商品经济相对朦胧界限不清的时代，义乌第三代市场篁园路两侧的几个街区形成了有几千人经营类似商品的贸易专业街，新马路街区一带已经形成了进口小商品一条龙服务的专营区。严格说，这些商品贸易都处在灰色地带，政府和监管部门也会经常查，查到了罚款、没收商品，但市场交易基本不受影响。

所有这些在各地倒腾商品的生意，在十年之后基本都被国家认可而转入了正规渠道经营。后来在义乌小商品市场上经营的小电器、化妆品、服装配饰等产品的大规模经营户，很多都是靠这个时期的全国各地倒腾商品起家的。

我和父亲在广西赚了大约几百元钱之后，汲取上次倒腾电子表的教训，及时收了手。

摆摊南昌

时间转眼到了1987年，我在南线跑生意已经两年多了，倒腾进口小商品只是从南宁到义乌的回程生意，属于"兼职"的小买卖，大部分时间仍然还是靠着把义乌的商品倒腾到广西各地获利。然而，我感觉到生意越来越不好做了。

信息不对称是一把双刃剑。尽管我们利用信息不对称赚取差价，但是信息不对称也反过来在制约着我们。比如说，我们把义乌的小百货转卖到南线其他地方，想要挣到钱，就必须掌握当地的市场行情，精准下单。如果跑一趟市场，自然知道当地需要什么货。但等知道后，下一次把货物运到时可能当地就不需要了，至少是热度降低了。就算下一次仍然还是畅销，但由于我们每次背的货有限，一趟也就三四个包，想要迅速覆盖市场，规模是上不去的。南线不比北线的乌鲁木齐，一个人可以携带20多个包，很多时候车很空，包可以四处放。但在南线，车上任何时候都是密密麻麻的人。除了座位外，车厢其他地方也都是站满了人，根本不可能让你大包小包到处放。

最主要的原因是，随着各地车站专业化长途托运开始出现，像我们这种通过火车大包小包倒货的生意开始没落，我们这批人就没有了生存的空间。

面对这种困境，我也在寻找解决的办法，多年生意场摸爬滚打的经验告诉我，只要努力，天无绝人之路。

机会很快就来了。1987年春节刚过，在江西南昌做生意的堂姐夫鼓动我和父亲也去南昌，他说南昌的批发市场正在招商引资，建议我们去那里摆摊试试。我和父亲也没有太多选择，加上以前也在南昌跑过生意，对那里的情况还算熟悉。于是抱着试试看的心态我和父亲去了南昌，计划在当地找摊位卖小百货。

在堂姐夫的带领下，我们在当地市场管理中心报了名，在工商管理部门办理了证件，并交了120元的押金。没过几天，我们就拿到了允许摆摊的营业执照，获得了两个摊位。押金继续放在市场管理部门，退摊位时退还。

摊位在南昌万寿宫附近的商贸市场，该商贸市场是露天的一条街，只是摊位上面装了雨棚，配有存储物件的柜子。我们的摊位沿街，长度为2米，两个摊位就有4米，算是很"奢华"，可以摆不少货。

义乌的小商品能源源不断地贩卖到全国各地，底层逻辑还是各地老百姓有这种消费需求。相比较一些地区，义乌商品经济发展是比较早的。在那些市场开放较晚的地区，自由市场的商品供求有限。随着义乌小商品在全国各个城市的流动，各地也都有了一些市场的萌芽。但是各地小商贩更多还是就近到省城或者周边城市进货，很多人并不知道在义乌能获得更便宜的价格，更丰富的商品。这也给了义乌本地的商贩在全国各地更多的生存机会。

相比我之前在景德镇摆地摊，在南昌摆地摊已经有了明显的变化。这次我们主要是做批发，就是把从义乌进来的商品卖给江西各小县城的小商贩，他们再拿到小县城，甚至乡镇去卖，我们可以赚取到30%以上的毛利。

这些来自小县城的小商贩每次要的货不多，如果他们自己专门跑去义乌进货，成本太高，在我们这里拿货是最经济的选择。南昌市内也有一些本地的商贩，也是因为进货量不大，会到万寿宫市场进货。我们卖给他们的价格就没有那么高，能挣20%左右的利润。

一听能有20%的利润，不少人会觉得很厉害了，这是因为现在的产品都是大规模生产，销售也有规模效应，虽然薄利但是可以多销。但在我们那个时代，信息、交通都不畅通，规模效应很难形成。我们从义乌倒一次货，全部卖掉需要十来天，总营收也不过两千元，每天的营业额也就是一两百元。按照20%的利润算，每天差不多三四十元钱，去掉人工、房租、饭食，所剩无几。所以，对于义乌小商贩来说，销售时加价30%是很正常的事情。而且有些小商品本身就很便宜，几毛钱的成本，再加价几毛钱去卖完全合理。

我们每次去南昌，会选择夕发朝至的火车，下午四五点左右在义乌上车，经过十多个小时到南昌时，天才微微亮。等我们把货物拿到摊位摆好，正好是市场开始做买卖的时间，算是无缝对接，不耽误事。

但是因为南昌离义乌近，自然也吸引很多义乌人去做生意，而后来本地的商贩知道义乌的小商品便宜，有时也会跟我们一起去义乌进货，这样进一步加剧了竞争。尽管义乌小商品品类丰富，但在种类上还是有限，在这种情况下，各个商贩销售的商品同质化严重，价格战就不可避免了。

当时我总结过一条基本规律，那就是如果你拿出的商品跟别人的一样，就意味这个商品没有竞争优势自然就很难挣到钱，甚至会产生亏损。所以竞争无处不在，只是那个时候的竞争更为原始，因为货品渠道相对有限，很多是狭路相逢，竞争非常直接，就是杀价。

我很快意识到，在南昌这么做下去想挣大钱是不可能的，只能附加别的生意来增加利润，才能站稳脚跟。那么做什么生意好呢？

我第一个想到的还是继续倒腾进口小商品。为了能弄到摆在南昌涉外宾馆里的进口小商品，我尝试四处收集外汇券。那段时间，只要我一回义乌进货，就会到义乌华侨商店门口找"黄牛"换外汇券，返回南昌后，我再到涉外宾馆购买进口小商品。当时南昌的涉外宾馆主要有江西宾馆、青山湖宾馆和南昌宾馆等。但由于住在涉外宾馆的人不多，加上他们对这种小商品没多大的需求，这就给了我们这些倒腾进口小商品的商贩一些机会。宾馆的负责人也正为客人很少购买进口小商品发愁，一看我们去购买也很高兴。

火车上进口小商品的检查越来越严格，很多商贩都被查了，携带的进口小商品也被没收，损失惨重。在这种情况下，我感觉继续待在南昌已经没有了意义。倒腾进口小商品生意的利润越来越少，还要承担巨大的风险。那段时间在义乌站，只要是南方来的车，无论是广州来的，还是昆明来的或是长沙来的，都要检查，导致后期很多还在南昌倒腾进口小商品到义乌的人都不敢坐火车来，而是从南昌坐大巴车到金华，到了金华再坐公交车回义乌。

有一些不死心的人，就开始转战其他地方，一般在广东、福建等沿海城市开辟"战场"，无论他们通过什么样的先进手段逃避检查，但几次下来无一不被发现查处。鉴于此，我决定放弃这门生意，重新寻找新的商机。

游走无锡

这时候，我和父亲商量，既然南昌的生意不好做，我们就去北边一点的城市找找机会。但父亲不想折腾了，一方面他年龄大了，精力有限；另一方面他对把生意做大的欲望不强，觉得在南昌继续摆摊挺安稳的，也很满足。但我跟父亲想法不一样，我对把生意做大有着很强烈的愿望，大概还是年轻气盛吧。

村里有人计划到义乌北边一点的无锡去摆摊，我觉得这个地方不错，决定也去试试。打听下来，无锡的摊位是500元钱一个，我和父亲在南昌的两个摊位如果卖掉可以得到4000元钱，足够在无锡买摊位，还能挣一笔钱。

在我的坚持下，父亲只能同意卖掉南昌的摊位，但他并没有跟我去无锡，他说他情愿回义乌老家务农，过一段安生的日子。于是，我迅速处理掉南昌的摊位，把父亲送回义乌老家，自己一个人跑到无锡去了。

1988 年的我

父母 60 岁时的合影

　　靠着南昌卖掉摊位的钱，我在无锡买了两个摊位，按照以往的模式继续经营小百货。然而不久，我在无锡又遇到同南昌一样的问题：做小百货生意竞争激烈，利润却很低。

　　我看到从义乌到无锡倒腾进口小商品的人很少，而且火车上也没人查，尽管利润不算很大，但肯定要比只做小百货的利润高。我就想，不如继续回义乌进货时，在货物中夹带少量的进口小商品来补充利润。由于小商品包裹里面的品类众多，在包裹里面夹带进口小商品已是公开的秘密了。

　　尽管当时无锡并不太查倒卖进口小商品的行为，但"小心驶得万年船"，我做这件事情时还是很谨慎，每次不敢多带。同行都笑我说，每次带那么一丁点，何年何月才能挣钱？

　　我想得很清楚，我的主业是卖小百货，不是专门倒腾进口小商品，能适当补充一点利润就行，不能贪婪。因为多了这笔收益，我的小百货就可以便宜点卖，只要价格上具有优势，小百货就脱手得快，补货也快，从而形成一种快速周转的新模式。

想是这么想，但我还是承受了巨大的压力。毕竟游走在政策边缘，一旦被抓到，货财两空。一段时间后，在托运货物中夹带进口小商品我也不敢了，我选择坐大巴从义乌到无锡，将少量进口小商品夹带在货物里面，放在大巴车的车顶上。

从义乌坐大巴，我一般选择晚上的班次，天没亮时就能到无锡，之后就有当地的商贩来接货。那个时候别提手机通信了，连家庭电话也没有，因此从义乌出发前就要去邮电局给接货的商贩打电话，提前告知第二天早上到达的时间和地点。

一起去无锡的商贩不少人都做类似的事情，但是他们胆子大，夹带的进口小商品数量要比我多得多。做这件事情，跟常跑这条线路的大巴车司机搞好关系非常重要。司机每天跑，而且司机之间会相互通气，一旦哪天哪里有检查的消息，他们会提前告知。同行的人就会让司机在离检查点几公里的地方停下，再通过其他方式把夹带进口小商品的行李运到无锡。

常言道，走的夜路多，难免会遇到鬼。

那年冬天，天气特别寒冷，还时不时下雪。那天我在义乌市场进了一些进口小商品，比平时稍微多一些，另外配了很多小百货，就坐上了去无锡的大巴车。这是一条我很熟悉的路线，来来去去很多回了。

因为下雪，大巴一路打滑，开得很慢。为了夜间行车安全，司机不得不在半路拿了链条扎在后轮防滑。那一晚，我都不敢睡觉，生怕车出意外。倒腾进口小商品的商贩更不敢睡，随时要提防检查人员。如果按照往常——凌晨四五点到无锡，被检查的可能性极小，但因为路滑开得慢，大巴到无锡时已经是中午十一点多，刚好遇到检查的高峰期。

等我看到车外站着检查人员时，已经来不及提前下车卸货了。检查人员一上车，我的心跳开始加速，腿脚也止不住颤抖。检查人员里里外外看了一圈，掀开不少可疑的行李，手上还拿着金属探测仪往行李上扫。幸运的是，我因为到义乌车站比较早，包裹放在车顶的最下面，上面压了很多行李，夹带的进口小商品裹在包裹里，没有被翻出来，真是有惊无险。

这件事发生后，我得了急性病毒性心肌炎，回义乌住院治疗了几天。此后一直在吃治疗心肌炎的药，吃了四五年才停下来，但还是落下了病根。

南昌和无锡的经历在一定程度上影响了我的后半生，导致我在经商的道路上始终谨小慎微。我办企业之后更不愿意剑走偏锋和投机取巧，因为我已经受够了折腾，不愿意再过这种提心吊胆的日子了。

记得《伊索寓言》里有一段话："有些人因为贪婪，想得到更多的东西，却把现在所有的也失掉了。"我觉得很有道理。人的欲望是无止境的，每个人只有把欲望控制在合理的范围内才是安全的。有些人就没明白这个道理，他们往往赚了一点钱后就想把生意做大，像赌徒一样把所有赚来的钱一次投进去，其结果当然是赌输了。

可能有人会问，你那么努力地挣钱，挣到钱后会做什么呢？可以告诉你的是，只要我手上有一些积蓄，我会马上拿出一部分去改善家庭生活。小时候家庭情况不好，日子过得苦巴巴的，那时我就想，我要努力干活，改善家里的生活，这也是我不辞辛劳四处奔波做生意的最原始动力。我记得有一次我花了4000多元买了一辆本田125红色摩托，虽然这是一辆已经开了5万多公里的二手车，但在农村可是一件奢侈的大物件了。我从家里接过来的旧木房，也被我扩展了一倍，加盖了卫生间和厨房，用上了煤气罐。之后我又自己挖井，到城里买回五金配件，自己动手装上自来水系统，还陆陆续续添置了热水器、冰箱、彩电、洗衣机等当时村里都难买得起的家用电器，而且买的都是国外的大品牌。就因为我家装了热水器，一到冬天村里很多人都排长队到我家洗澡，我没收过大家一分钱。能帮上大家，我觉得有一种荣耀感。

　　我在无锡做生意的时间并不长，所挣的钱也没达到自己的预期，原因是多方面的。

　　一方面有来自同行的激烈竞争。改革开放后，在耕种面积不足、信息获取相对快捷的部分地区，大量的农业人口从田间走出来，开始在商业领域追逐自己的梦想，义乌就是其中的典型代表。生意场就是竞争的战场，在这里，义乌人与义乌人、义乌人与外地人之间不可避免会形成一种较为原始的竞争。之所以说原始，是因为那个时候营销手段比较简单，大多数是打价格战，价格战是难有赢家的。到20世纪90年代，在市场增速放缓的情况下，同行之间的竞争还是很激烈的。直到2001年我国加入WTO，义乌的小商品开始真正走向全世界，市场竞争机制也日益成熟，越来越多的义乌人明白，合作共赢才是硬道理。这也是义乌小商品市场在激烈的市场竞争中能长青发展的重要原因。

另一方面，无锡离义乌很近。在那个年代，真正的商机其实是来自距离的。距离越远，产生的非对称信息就越多，获得的商业利润就越高。义乌到无锡才三百多公里，坐大巴一个晚上就到了。无锡跟义乌的信息高度对称，产生的利润差就不会太大。

总结出在无锡做生意挣不到钱的原因，我觉得不妨找一个再远一些的地方试试。于是我不安稳的心又躁动起来，哪里会是我的下一个目的地呢？

从一个人到一家人

20世纪80年代后期，义乌小商品市场蓬勃发展，各种创业机会不断涌现，从义乌走出来的很多大企业家基本都是在这段时间开始原始资本积累的。

这段时间，跟我一起到处倒腾的几个伙伴倒是沉了下来，有的去潮汕做服装商贩，有的在义乌租摊位代销小商品，有的在家里做简单的小商品加工，也有的嫌创业太累开始帮人打工。而我这个平时看起来心思很活跃的人，此时反而是"夜路走多了，看不到方向"，处在混沌迷茫之中。

母亲看我这段时间比较清闲，也觉得我老大不小了，于是张罗亲戚朋友给我介绍对象。

经姨妈介绍，我认识了姨妈村里的一个姑娘，也就是我现在的妻子。从认识到结婚的整个过程，谈不上罗曼蒂克，甚至连点仪式感都没有。我常年在外做生意，在家里的时间少，碰在一起谈恋爱的机会不多。我们两家父母倒是想得开，认为只要我们相处得好就行，并不限制我们如何交往。

　　双方认识几个月后，还没领结婚证，她就开始跟着我一起到处奔波。我也从一个光棍成为一个小家庭的主心骨。我跟夫人的第一张合影照，就是我带她第一次去南昌时在老福山边上的一个公园拍的。因为我们没有办婚礼，甚至没有订婚，夫人就说好歹要拍张照片作为见证，于是就在公园里的照相馆请了摄像师。现在，那张照片依旧放在我们家最显眼的地方。

我与夫人年轻时的合影

　　可能会有人觉得我挺开放的，没领结婚证就和女方住在一起，其实不然。一是当时在我们村，夫妇生了小孩但没领结婚证的事情常有。那时的《婚姻法》普及率还不是那么高，结婚登记制度也不完善，不少年轻夫妻都不清楚结婚还要扯证。二是我常年在外奔波，一起生活可以减少一些开支。

　　我和夫人刚在一起时，根本没想生孩子的事情。直到她怀孕，肚子有了明显的特征，我们才意识到没办结婚证，孩子会面临着非法生育问题。

　　夫人为了躲避计划生育工作组的检查，自己家、父母家，甚至我哥哥嫂嫂家都不敢住。最后，夫人躲到了相对偏僻一些的我大姨父家里，白天也不敢出去露面。

　　大姨父一家待我们特别好，尤其是他的父母简直把我夫人当成孙女一般，时刻守护她，有点风吹草动就会把我夫人藏起来。而我夫人生性温和，躲在大姨父家也一直帮着他们做力所能及的事，没事还会陪两位老人聊聊天。有时候大姨父夫妇出门办事，夫人就主动照顾两位老人。

　　那时农村人到了晚上没什么娱乐活动，常常吃完晚饭后到处串门，一起闲聊打发时间。大姨父一家是村民们公认的好客之家，晚上时常有人去他们家走动。那段时间因为夫人躲在大姨父家，为了避免被人发现，大姨父一家吃过晚饭后，就赶紧把大门关起来，造成他们出去串门了的假象。有时候来不及关门村里人进来了，夫人只好一个人躲在房子里，听外面的人闲聊，不敢出声。

　　尽管夫人今天藏这里，明天藏那里，提心吊胆的，但一家人相互关爱，倒也温馨。但终究是纸包不住火，村里还是有人知道了，向计划生育工作组报告。

　　那天晚上，工作组几个人趁着夜色赶往大姨父家。有一个亲戚提前知道了消息，一路连滚带爬跑过来告诉我，让我们赶紧转移到别的地方。

　　当时夜已经很深了，我怕夫人出事，就想让她躲在屋后，但被大姨父否决了。大姨父说工作组肯定会屋前屋后打着手电筒找，他甚至还推测说像屋子周围的小树林等比较好隐藏的地方，也很难逃过工作组的检查。

正当我们急得像热锅上的蚂蚁时，大姨父突然拍了一下脑袋说，有一个地方工作组肯定不会去，我赶紧问是啥地方？大姨父说是祖坟，然后，大姨父夫妇，包括大姨父父母，带着我和夫人，连同报信的亲戚摸着黑走到他家的祖坟那里。

我们在漆黑的夜色中，趴在祖坟旁一动不动，不敢发出任何声响。不知道夫人当时是否害怕，反正我看着周围黑咕隆咚的一片坟墓，浑身汗毛都竖了起来。好在有大家陪着，心里的恐惧就慢慢退下去了。

尽管这次危机是躲过去了，但我不想夫人再受这样的罪。我们合计一下，决定还是暂时到无锡躲一躲。小半年之后，夫人怀孕已经8个月，不得不回义乌生孩子了。

自从夫人有了身孕，我的家庭观念开始重了起来，觉得在老家如果没有耕种土地，就跟没家一样。于是在那年春季，我租了两亩地种起了水稻。

等我带着挺着大肚子的夫人回到义乌，已经是七月中旬，到了水稻收割的季节。然而没想到的是，1989年夏季，整个义乌不停地下暴雨，义乌江的洪水像大海一样浩浩荡荡，县城的防汛形势非常严峻。我们村的水稻田被淹掉了一大半，水上漂浮了很多从别人家冲出的东西，木桶、塑料瓢盆，甚至家里面养的家畜。所幸我们家住在一个小山坡上，大水对我们吃住没产生特别严重的影响。

看着倾盆大雨，我心里直发愁，水稻再不收割，就会烂在地里，一家人将无粮可吃。等了一整天，大雨丝毫没有停的意思。没办法，我一跺脚，冒着大雨下水去收割水稻。雨水打得我的雨披哗哗作响，让我的双眼难以睁开。我一连几天泡在水里，终于把自家那两亩地上的水稻抢收回来。不仅要收割自己家的水稻，我还得跑到老丈人家里去帮忙，弄得我疲惫不堪。

雨里水里忙碌下来，我终于顶不住发烧了。谁知那日凌晨两点多钟，我迷迷糊糊地听到夫人说肚子痛。我一下清醒过来，心想孩子可能要出生了，就说："能不能等到天亮？"夫人对自己的情况很了解，坚定地说："不行，要赶紧叫车去医院。"虽然我还在发烧，但这个事情我拎得清，知道不能耽搁，扶着床沿我挣扎下了床，摇摇晃晃地走到邻居家，邻居赶忙推了一辆三轮车，我们"跋山涉水"地把她送到医院急诊室。

听到夫人要生产的消息，我姐姐和大姨连夜从家里赶到医院，一看我还在发着高烧，死活要让我回家等消息。在大家的劝说下，我只好返回家中。

第二天早上9点多钟，姐姐跑回家，告诉我夫人生了个千金，我很兴奋，我做爸爸了。那天是7月24日，离我身份证上的生日8月24日刚好相差一个月。至于我准确的生日是哪一天，我自己也不清楚，原因是我们家早年发生过一次小火灾，刚好把登记生日的材料烧光了。后来办身份证时需要填写出生年月，母亲说是在7月底生的，但又想不到到底是哪一天。最后是父亲翻日历，翻到7月24日就说是它了，转换成阳历就是8月24日。

女儿出生后，我们就去办了结婚登记。如果看我和夫人结婚证上的照片，一眼就能看出是产后拍的，她的样子特别虚弱。

　　女儿出生后，家里多了一个人口，我真正感受到了肩上的责任和压力，经济问题重新摆在我的面前。

长春黑水路

　　在长春，如果说起最早的个体户集中地，大家都会想到两条路，一条叫光复路，另外一条叫黑水路。20世纪80、90年代，普通长春市民对万元户刚刚有概念的时候，这里许多商家就已完成了数十万乃至上百万元的原始积累。现在东北不少成功的企业家，当年就是在这两个市场起步的。

20世纪90年代初的长春黑水路

　　这次，我选择去长春，一座寒冷的北方城市。之所以选中它，是因为大哥告诉我，有一个远房亲戚在长春黑水路参与开发了一个小商品市场，计划春节后开业。我知道长春是吉林省的省会，国企比较多，但自由市场的起步比义乌晚，去那里做生意一定会有商机。于是，1990年元旦刚过，我和几个朋友先坐火车到杭州，再从杭州转坐去往长春的火车，全程40个小时。到了长春，我辗转找到这个亲戚，第一时间报了名，并帮大哥也预订了两个日用百货的摊位，各自花了1000元。办好这些手续之后，我匆匆赶回家过年。

长春黑水路的小商品市场在火车站边上，开始大部分也是义乌人经营的。我过去的时候，黑水路市场已经开发到二期了，各方面都比较成熟。二期市场是几栋四五层的楼房，虽然没有电梯，但环境已经好了很多。严格来说，这是我第一次进入正规的室内集贸市场，恰恰这一次经营让我接触了日用百货这一行业，为我以后义乌的经营奠定了基础。

去长春之前，我把当初在无锡花了500元钱买的摊位作价2000元卖掉了，也算是发了一笔小财。从500元到2000元的价格变化，也说明当时的商品经济需求在不断扩大，想进入这个行业的人越来越多，市场摊位变成了稀缺资源。

同去长春的还有我很多亲戚，七八姑八大姨都去了，大家在这里心特别齐。在配货的时候就开始商量，以达成共识，避免正面竞争。每个人都有自己擅长的品类，如果一家拿了这个货，会告诉其他人，其他人就不拿这个货，目的是尽量不要打价格战。

我在无锡摆摊时，主要贩卖小孩的鞋子、帽子、围巾这些纺织类的小商品。到长春后，我和大哥的摊位就选择了脸盆、水桶、糖果盒、饭盒等小商品。

通常我会 10 来天回一次义乌配货，一个月来回两三次。如果货品销售情况不错，进货渠道也一样，我就会打电话叫小商品市场的摊主直接把货托运到长春，免了我们的舟车劳顿，效率也大幅度提高。有时候会出现一些需要在义乌小商品市场解决的问题，我就打电话让父亲出面解决一下。

在黑水路经营了半年，由于选货比较贴近当地的需求，很快我们就把摊位费挣了回来。但是到了下半年，我对长春市场的经营就逐渐失望了。

我们的客户群体很多是长春周边市县的小本业主，资金有限。上半年刚开始做生意时，大家还是客客气气，现买现结。不知怎么回事到了下半年，市场突然刮起了一股赊账风，这些小本业主纷纷要求先拿货，卖出去了再跟我们结账。如果我们不愿意赊账，会有其他人愿意赊账给他们，这样我们根本就没有生意可做，我们也只能硬着头皮赊账给他们。但一段时间后我们发现，有些人根本不能赊账，因为结账时他们总能找出各种理由让你给他打折，还要求很低的折扣，不打折就拖欠货款不还。几次下来，我们就哑巴吃黄连，有苦难言，继续合作不行，不合作也不行。我们做的是批发生意，利润本就不高，客户几次拖欠货款再打折扣，基本没有利润了，甚至有些客户欠款一多，就干脆跑路了。

由于商业环境变差，很多义乌商人放弃了在长春黑水路的经营。义乌商人逐渐退出后，市场转而以当地的个体经营户接手。我因为谨小慎微，跟当地人相处得还不错，生意一直不好不坏。

不久，我把夫人和半岁的女儿一起接到了长春。

我们在黑水路边上租了间民房，将女儿一直带在身边。二月底的长春还是零下十几度，初来乍到的南方人很难适应这种极寒的气候，我们一家三口在这里的生活遇到了巨大的挑战。

室内有暖气还好一点，但一到室外就需要裹上一件又一件的厚衣服，感觉穿再多都无济于事，特别是脚，被冻得钻心一样地痛。我们租的房子离市场就一两公里，走过去也就十多分钟，感觉还不会太冷。但如果要去提货、买菜等长时间户外走动，就特别的冷。遇到下大雪，路上泥泞，冰很厚，一不小心就摔个四脚朝天。那里家家户户都烧煤，烧出来的烟也黑沉沉的，冰面上也有一层黑粉，整个环境看上去很压抑。

我在南方冬天从来没生过冻疮，但在长春就生了很多冻疮，非常难受。整个冬天过来，我的心境已经出现了变化，觉得这个地方不适合长久生活。

这种心境很大程度也会影响我看周围环境的感觉。我发现市场里的矛盾不断加剧，天天有人吵架，去提个货也有矛盾，去买个菜也起冲突，感觉这里的人脾气都很暴躁。

长春黑水路市场的管理团队也存在一些问题，缺少主动作为的能力。在这里，来自各地的商户很容易形成小团体，遇到问题不是相互沟通讲道理，而是吵架甚至会用打架的方式来解决。而市场管理员很少进行积极协调，大有爱打打去，跟他们没关系的意味，作壁上观是这里的管理人员的普遍工作方式。对此我非常反感，大家从五湖四海来到这里做生意，应该奉行"和气生财"的经营之道，和谐的经营环境才能保障大家共赢，靠吵架打架是发不了财的。

　　经济发展对一个城市和在那个城市生存发展的人的改变真的很大。大家在某种程度上都受到商业的影响，心性随之改变。中国商品经济市场体系从混沌到澄清本身就有这样的一个过程，带给我们一些困难，但我们也从转型过程中受益了。

　　1991年秋天，夫人又怀了身孕，因为身体不好决定回老家。此时我也发现长春的生意越来越难做，决定陪她一起回义乌。

　　回到义乌之前，夫人跟我提出路过北京时，到北京看一看。但考虑到女儿还小，夫人又挺着大肚子，我就委托提早回义乌的大哥大嫂先带她回她外公家。我陪着夫人在北京待了两周，爬长城、进故宫，把北京城的著名景点逛了个遍。

1990 年我在北京的留影

半个月后，我们回到岳父岳母家。一看到女儿，夫人心疼得直落泪。这么短的时间，女儿变得黑瘦黑瘦的，还浑身皮肤溃烂。从小就没有离开过我们一天的女儿不适应老人的带养方式，自此之后，我们的孩子就再没有麻烦双方老人带过。

1995年，我女儿满五周岁后儿子出生，我们有了第二个孩子。夫人在生两个孩子的过程中，跟我走南闯北，几经折腾甚至磨难。每次看到两个孩子，我都会想起当年的日子，觉得现在待夫人再好都不为过。

这也是为什么我一直对家庭看得比较重。事业的成长不是自己一个人推动的，而是整个家庭在推动的。如果家庭不稳固，个人是不可能全心投入工作的，企业自然就不会稳固。现在双童非常强调"家文化"，我希望我的员工家庭幸福，有另外一半的支持和理解，让自己可以全身心投入到工作当中。

事实也证明双童的"家文化"是很成功的一项决策，我们从管人的行为转到了关注人心。我们让员工们充分感受到双童对他们的照顾，让他们觉得双童关心他们的生活，注重他们的感受。如果员工配偶因为工作不住在一起，双童会鼓励另一半住过来。我们鼓励员工谈恋爱，鼓励双职工家庭。这样一来，员工才会对双童这家企业有黏性，会陪伴这家企业走得更远。双童的员工往往焦虑感会更小，对企业更有好感，更加忠诚。

这种管理思维实践，得益于我在看的德鲁克在《卓有成效的管理者》书中一段话的启发。他说："管理不仅仅是管人的行为，更重要的是管他的人心和人性，激发人性的善意。"

经商多年，我的最大体会是，一个企业如果请了一批薪酬很高的人，让他们死死盯着那些真正做事情的人，这里的管理就是纯粹成本。因为管理本身并不产生效力，只会产生成本。这种成本只有企业产品在外部出现价值时，才是利润。而当一个企业的员工越来越不听指挥，聘用的人越来越多，薪酬也越来越高，企业成本越来越多时，离倒闭就不远了。真正善于管理的企业管理者，应当注重提高人员的效率和自主性，让他们发挥各自的所长，为企业发展添加动力。

往事皆成空

决定撤离长春那一刻，我知道在外折腾的日子走到了尽头。回忆起这么多年的漂泊生涯，我不禁生出一种往事皆成空的感觉。

从少年离家开始做生意，我尝试了各种行当，几乎没有沉下来的时候。反思起来，不能说那时那些行当都不好扎根。"跬步而不休，跛鳖千里；累土而不辍，丘山崇成。"如果坚持深耕一个行当几十年，我相信也会成就很大的事业。但在当时，我比较年轻，心气较为浮躁，喜欢这山望着那山高，见异思迁，用老家的话来说，是"踩着西瓜皮溜到哪儿算哪儿"。

实践证明，做生意就跟打仗似的，没有一点战略定力，很难在一个领域有所成就。就如我，因为选择太多，长期都在做低水平的重复劳动。

现在义乌有几家龙头企业，其中还有上市公司。如果我能像他们一样，沉下心来专攻一个领域，今天取得的成绩远不止于此，但历史是不容假设的。人生有那么多的偶然，有那么多的变数，谁也不知道跑到身边的这个机会能不能抓住。而且我当时的想法也很简单，就是哪个机会能多挣钱，让我们一家的生活变得更好些，我就得抓住这个机会，全然没有站在高处看全局的视角。

最开始跑出义乌做生意是听人家说在外面能挣钱，等去了之后才知道竞争很激烈。一列火车过去，一个车厢可能会有几十个义乌人在倒货。尽管大家到的地方不一样，但拿的货大多雷同，当市场差异性不大的时候，想异军突起是相当困难的。这也是我早期跑生意不太成功的原因。

但也正是天南海北的"闯关东"，让我练就了不服输的韧劲，同时也学到了很多做生意需要的技能。比如说，我们倒货的时候，短则十几个小时多则几天都在火车上，无聊时大家会到各个车厢去"串门"，甚至有时会在一起打牌。我不会打牌，更不会打麻将，连大家觉得很简单的扑克也不会。

"出门莫恨无人随，书中车马多如簇。"因为不喜欢打牌，着实无聊时，我就看书看杂志看报纸。那个时候火车上也有卖报纸和杂志的，我经常买来看，我的阅读能力就是在这个过程中培养起来的。

我现在的表达能力比较好，语言逻辑能力也不错，一方面得益于广泛阅读，另一方面也得益于做生意时跟大家的沟通联系。那时要谈成一单生意，我需要想尽办法、竭尽所能说服对方，让他接受我的想法。做生意嘴上的功夫很重要。父亲的生意做不大，跟人老实不会表达有关，我们两个人在一起时，如果跟客户沟通，一定是我去。

　　参与"包子军"做"押镖"是一份挺能练胆的工作，它锻炼了我做事干脆利落不含糊的特点。要押运那么多包裹，还要抢滩不同的火车，头脑不灵活、反应不敏捷就很难做下来。当然，"包子军"的工作随着各地火车站开始设立包裹托运处而消亡，让我们这群人失去了饭碗，但物流的发展一定程度上推动了义乌更快发展，因为它便捷了、速度快了、流通有效了，义乌市场又上了一个台阶。我也认识到，社会发展总是这样无情地淘汰落后的生产力，没有什么不服气的。

　　虽然我的生意在这一阶段做得平平，但当我重返义乌，不经意间发现义乌发展的步伐大大加快了。义乌这座城市，如果我们用"要素"去理解其初期发展，我认为政策、小百货、客流都非常重要。政策和市场之间互相促进，互相迭代，促使更多的商品带来更大的客流量，共同推动了义乌的快速发展。交通工具，尤其是火车的开通和后来物流的规范化发展，使得义乌人和义乌的商品可以在铁路沿线渗透，最终义乌商品流向全国的乡间田野。

　　我认为那个时代的义乌市场实际上有两个维度，一个维度是义乌人把各地的货源引进来，另一个维度是义乌人通过肩扛手提把义乌小商品运出去。我们这批人把大包小包小商品背到一个地方销售，一定程度上会影响当地老百姓做生意的思路。当做生意的老百姓越来越多的时候，就会影响当地政府的市场决策。中国集贸市场的一步一步发展，背后有义乌人的贡献，更有我们这一代人的推动。

　　跨入21世纪之后，情况发生了巨大的变化，来义乌的线下客流重要性在降低，而信息流、物流和产业链显得更为重要。

　　数字时代，第一要素就是信息流，其形成了一种庞大的市场交易结构和链接；第二要素就是物流，推动整个业务快速、便捷、低成本发展，把货源散到全球每一个角落；第三个是产业链，义乌小商品背后是强大的工厂支撑。义乌几十万家工厂，甚至现在全国各地千万个工厂都跟义乌发生着千丝万缕的联系。哪怕远在乌鲁木齐的商品都有可能被运到义乌，然后辐射全世界。

　　现在来义乌，你会发现市场上的客人并不多，但这并不影响义乌市场的交易量。几十年的积累，义乌已经根基庞大，所有该打通的堵点都打通了，该连接的网络都已经连接。强大的物流基础设施和产业配套，让千里之外的生意人远程调度不会有任何障碍。

　　也正是义乌物流、信息流和产业链的发展，使得义乌人由早期走遍千山万水的"行商"，转变为坐地深耕的"坐商"，义乌商人开始大量回流。这与温州的商人一直往外走形成截然相反的态势。

　　义乌是一座内聚型城市，所有的财富都内聚在义乌，被沉淀下来。义乌人在这个全球商品的流通中心，面向全球做连接、做共享交易。根据2021年的统计数据，全国10强县（市）居民人均可支配收入浙江和江苏两省平分秋色，各占5席。相比之下，浙江更为强势，义乌市以人均可支配收入77468元/年居首；江苏昆山市位列第三，人均可支配收入是67871元/年。

　　有时候我会想，年轻时创业面临着外部的各种不确定风险，会对心理造成巨大的压力，除非你心甘情愿坐在家里或者帮别人打工。所以很难用"稳定"这个词来描述创业者，我这一辈子就没有稳定过。心底欲望的慢慢放大，对于梦想的追逐，会释放出创业者底层的潜能，产生对自己的逼迫感。林林总总几十年，我走的这条路并不平坦，并不稳定，我完全接受过程中的挫折，接受命运的安排。但从另一个角度，这也给我带来内心的坚定和强大，增强了我在生活中和生意场上的韧性。

列夫·托尔斯泰在《战争与和平》里说："每个人都会有缺陷，就像被上帝咬过的苹果，有的人缺陷比较大，正是因为上帝特别喜欢他的芬芳。"我所有的过往和挫折，为我1994年创办"双童"奠定了基石。

音乐人李宗盛说："时过境迁，终于明白，人一生中每一个经历过的城市都是相通的，每一个努力过的脚印都是相连的，它一步步带我走到今天，成就了今天的我。"

那个时候，我很难想象今天我可以拥有这么大的一家企业，很难想象我今天还能到那么多的大学授课，也很难想象我自己办的商学院一年可以有上万名学员。

人生没有白走的路，每一步都算数。

尽管我面对的黑夜还是那样悠长，但我知道我的白昼总会到来。

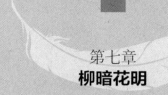

第七章
柳暗花明

与其花许多时间和精力去凿许多浅井，
不如花同样的时间和精力去凿一口深井。

——罗曼·罗兰（Romain Rolland，1866—1944），法国思想家

在外漂泊十多年，商业上我并没有找到可以安定下来的明确方向。因为夫人身体的原因，我决定回到义乌，结束在外居无定所的生活。随着义乌市场的不断拓展，我的商业方向逐渐明晰，我找到了自己可以为之奋斗一生的事业，踏上了全球"吸管大王"的道路。

靠裤子，混日子

1991年10月底，我和夫人带着刚满两周岁的女儿从长春回到义乌。这次回到义乌后，我就像生了根一样，再也没出去过。

回家头三个月，我的主要任务就是陪伴夫人和女儿，让她们养好身体，没太考虑商业上的事情。但春节走亲访友时，大家询问我接下来准备做什么，一下子点醒了我，一家人的生计是头等大事，我不能再歇着了。然而关键的问题是，我该做什么呢？

　　趁着去大姨父家拜年的机会，我了解了一下他们村的服装产业。大姨父所在的村这时已经聚集了不少服装企业，其生产出来的服装一部分通过义乌商贸市场向全国批发销售，另外一部分主要是直接销往俄罗斯。之后，我又通过多种途径了解到这些工厂的运作模式：村工厂先到布匹市场采购原材料，然后工厂按照服装式样要求，进行初步裁剪。裁剪完后，布匹就变成了一个个"模块"。接着工厂会把这些裁剪好的"模块"送到村里有缝纫机的农户家里，委托他们缝纫。这样做，一方面工厂不需要养那么多工人，节约经营成本；另一方面因为布匹已经被工厂裁剪成标准化的模块，即使让农户去缝纫，也不会出现明显的走样问题。农户们缝纫好后工厂收回服装，第二天就可以拿到义乌服装摊位上销售了。

　　这种"前店后厂"的自产自销模式，是义乌小商品从单纯的商品贸易向实体加工转型的初期形态。这类小加工作坊，带动了义乌小商品贸易从初期的"进货贸易"逐渐转为"产销贸易"。

　　我觉得这种"前店"和"后厂"的专业化分工模式，有一定的商机。很多加工厂在小商品市场不一定有摊位，往往需要别人代销；同时，大部分有摊位的商贩不一定有自己的工厂，需要从工厂进货。

　　那个时候"代销"的概念是根深蒂固的，意思是别人生产，代销商帮他们销售，赚取差价。我想我可以先做代销，从村里服装厂拿一些服装去销售。

这么多年在外奔波，我几乎没在家里过过一个春节，也没过上几天安稳的日子。夫人跟着我也是整天提心吊胆的，所以我们两个人内心都有强烈的回归意识。如果回义乌发展，一方面可以照顾家庭，另一方面也免除了长途奔波的劳累。

我一直跟大姨父走得很近，以前经常在他家一住就是好多天。因此，我觉得听听大姨夫的意见很有必要。

我把这个想法跟大姨父一讲，他非常支持，并且建议我春节后租一个摊位做起来，安安心心留在义乌发展。

有大姨父的支持和指导，我想这个生意应该不会太难做。

春节一过，我在他们村服装厂一家家比较款式、质量、价格，考察了个遍后，就东家拿一件，西家拿一件，汇集了各种各样的样品，计划在集贸市场摊位上进行售卖。

摆在集贸市场摊位的商品，品质一般要比商场的差一些，但价格可能低好几倍，对收入不高的人来说具有绝对的吸引力。市场有需求，路边摊就非常多，商品的种类也远比商场丰富。

尤其是义乌的小商品市场，商品会比其他地方的市场更丰富。义乌市场的"磁吸效应"，汇集了来自全国各地的小商品。比如，纽扣很多来自台州，围巾、丝巾来自湖州，童鞋来自宁波。与此同时，如果义乌人发现某类商品的市场需求量大，制作又不复杂，就会学习技术自己生产，进一步增加了小商品种类的丰富性。一些工厂还会想办法在原来的基础上进行创新，拓展出更多更好的新产品。"船小掉头快"，有的工厂甚至两三天就能推出一款新产品。

义乌的一个村一般可以生产几十种小商品，基本上是市场反馈什么东西好卖，他们就会生产什么。商品短缺的年代，基本上只要造得出来的，总会有不小的需求。

随着小商品种类越来越多，市场内的摊位也越来越多，市场一次次突破原有的区域限制。

简单回顾一下我所经历的义乌几代市场的变迁。

1982 年开业的义乌第一代小商品市场

最早的湖清门第一代市场，只是露天的简陋市场，前后 200 米左右，只有 705 个摊位，经营范围不过小百货、小五金、小针织、小塑料、小玩具、服装等，由工商所进行管理。到 1984 年年底的第二代新马路市场，改名为"义乌小商品市场"，并设立了工商、税务、银行、公安、餐饮等机构，固定摊位达到 1800 余个。每天人流量过万，很多人都想成为个体户，申请商铺的人络绎不绝。

1984年底开业的第二代义乌小商品市场

　　第二代市场实现了由马路市场向"以场为市"的转变，可以说是腾笼换鸟，其发展速度也完全超出了人们的预料。第一代市场让义乌的小商品交易从县内向省内辐射，第二代市场则让义乌的小商品交易从省内向省外辐射。

　　开业不久，第二代市场又显得太小了。于是在1985年初，义乌工商部门架起了300个临时摊位，接着又在部分地段的两排棚架间加摊位。市场的再度扩建，呼之欲出。

　　1986年9月，政府再次投资440万元，将新马路市场扩建至城中路。第三代市场俗称"望江楼市场"，是一个棚架市场，采用了"Y"型的钢筋混凝土棚架，石棉钢瓦盖顶。和第二代市场相比，第三代市场的场地更宽敞，设固定摊位近4100个，临时摊位1000多个，可容纳3万人在场内交易，当年市场成交额首次突破亿元大关。第三代市场大约有一小半经营服装，另一半经营围巾、鞋类、毛线、玩具和日用品等小百货。

1986 年开业的义乌城中路第三代小商品市场（望江楼市场）

1988年，义乌"撤县建市"后更加重视培育市场，进行了多次扩建。截至1990年，市场占地面积达7.7万平方米，摊位超1万个，成为全国最大的小商品专业批发市场。1991年，义乌的小商品市场成交额首次突破10亿元。

尽管那时的市场规模较大，却没有品类分区，所以要找到想买的东西并不容易。不像今天的义乌国际商贸城，有明确的分区，你想买什么品类的商品去相应的区域就行。

我决定从事服装生意时，已经是义乌第三代市场了。1991年春季，我终于在市场内租了半个摊位。

其实我对代销服装这个事情，应该也算"专业对口"。我之前在南昌、无锡、长春等地摆摊时，也差不多是代销，就是把从义乌批发的小百货拿到全国各地区销售，只不过现在将小商品换成了服装。

我之所以选择服装这个品类，一方面是我考察村办企业的结果，还有一个重要的原因是义乌的服装销售规模很大，已经在全国形成了较强的影响力。早些时候在温州乐清也曾有过一个规模不小的服装市场，但随着义乌服装市场的兴起，那个市场的商贩都纷纷跑到了义乌。曾有人做过统计，发现20世纪80年代初在温州从事小商品经营的个体户，后来有一半以上转到了义乌。

我的服装代销以童装开始。我想，一个家庭如果有了钱，首先就会给孩子买衣服，市场需求应该不愁。另外，我的货源直接，成本低，价格优势也很明显。

然而，童装生意完全不像我想的那么简单，几个月下来不仅没有赚到钱，连吃饭的钱都要倒贴。作为市场上代销童装的新人，我没有老客户做基础，新客户也拉不来，货就堆在那里，根本卖不动。

我想是不是我在摊位上摆的服装不够丰富，于是加大力度摆上各种各样的服装，结果还是极少有人问津。后来我才知道，摊位上摆的东西太多了，花花绿绿的，人家一看觉得你什么都有，就觉得你不专业，整个摊位就放一两个产品反而容易得到青睐。

生意没有起色，我从长春挣回来的钱已经所剩无几，心里很着急。

生意很差的另外一个原因，是我卖的服装款式老气。我考虑到当时服装款式最前沿的地方是在广东沿海一带，于是就改变进货策略，特地跑到广东一带进货。我在那里选择了专攻裤子，街上什么裤子流行就进什么裤子。

一段时间下来，生意总算有些起色，但也只能算是混混日子。

艰辛南澳行

1991年下半年，国内开始流行一种叫"牛绢裤"的女裤（不同于现在大家熟知的牛仔裤），它的特点是在草绿色的布料上布满了各种褶皱。自广州、潮汕一带开始生产后，几个月时间牛绢裤风靡大江南北。那段时间义乌市场所有的服装摊位都在售卖这种裤子。

由于牛绢裤的市场需求量大，只要商贩能拿到货，很快就会销售一空，往往进价五六元的货转手就卖十五六元，因此各地的商贩都排队抢着要货。

一条裤子火到这个程度，说不动心很难，何况我本身就从事服装代销业务，因此，我也开始跟风销售这种裤子，在义乌找各种渠道进货。尽管已是转手几次的货，利润已经不高，但一到手基本上就脱销，还是能挣不少钱的。随着要货的商贩越来越多，货源就愈加紧张，我这样的小商贩总是拿不到货。我和夫人有时候就守着个空摊子，等着上游渠道给我们供货。

眼看有货源的同行生意越来越好，我和夫人觉得守株待兔不是个办法，我和夫人一商量，既然义乌拿不到货，干脆直接到货源地广东潮汕地区进货。只是听说即使到了潮汕，也是供不应求，交货款后至少三五天才能拿到货。因为这个原因，很多小商贩没有勇气过去进货，但我想即使在那边等几天，总比在摊位上干等着要强。

一起在市场摆摊的还有四个也拿不到货的年轻人跟我有同样想法，于是我们五个人一商议，决定一起到潮汕地区的南澳县直接找货源。

南澳县是一个小岛（目前隶属于广东省汕头市），距离义乌的车程大约有1000公里。我们过去不仅要中转好几趟火车，最后还要坐轮船才到达。

尽管路途遥远，但大家对这笔买卖都有充分的信心，只要能挣大钱路程再远也就不在乎了。我们每个人都竭尽全力多带钱，除了家里的钱，把外面能借到的也都借了个遍，都准备大干一票。我那次凑了6000元，已经是倾囊而出，但还是带得最少的。

我们一路奔波到达南澳，发现去那里进货的各地商贩已经聚集了不少。我们五个人加起来需要的裤子上万条，如果等着一家工厂出货，肯定需要很长的时间。为了快速拿到货，我们采取的策略就是一家家工厂找，能卖给我们多少是多少。我们前后只花了两三天时间就把裤子凑齐了。看着成堆的裤子，我们五个人高兴得不能自已，仿佛看到大把大把的钱向我们砸来。

拿好货后，我们在货车市场找了一辆八九米长的大货车，准备将全部裤子运回义乌。我们中三个人选择坐火车回义乌，而我和另外一个人跟着大货车一起走。我们两个坐汽车更辛苦一些，但可以额外获得100元的补贴。

那时全国的高速公路还很少，我们的货车只能走国道，1000公里左右的路程要走两三天。

车行了一天多，非常顺利。但人生有时就像电脑，死机之前不会跟你商量。

　　就在我们在车上谈笑风生，合计这批货如何才能尽快出手的时候，车突然在温州瑞安境内被浙江省际检查站工作人员给拦了下来。我当时并没在意，结果工作人员检查完，严肃对我们说："你们的服装是境外商品，要全部没收！"这一下把我俩吓得腿都软了，心想这怎么可能，我们是在南澳看着一家家工厂生产出来的啊。

　　我们把老底都压在这车裤子上了，如果裤子被没收，我们就算是完蛋了。

　　尽管我们费尽口舌，差点就要下跪求情，但工作人员根本不听我们的解释，坚持认定这批裤子是境外的，并动手把货从车上卸下来。货车司机一看，货都卸下来了，就说要先走，但是答应如果检查站后期把货物还给我们，他还会回来帮我们把裤子运到义乌。

　　车开走的那一刻，我俩站在漆黑的夜里，心碎了一地，感觉天都要塌下来了。

　　等我们稍微平静下来，就发疯似的四处找电话，告知已经回到义乌的另外三个人，让他们火速赶过来。他们一听这种情况，魂都吓掉了，连夜动身赶过来。义乌到瑞安三百公里的路程，他们第二天就到了。等他们三个人一到，我们就急匆匆地直奔检查站，却发现被扣押的物品已转往瑞安市工商局缉私仓库。

　　我们赶紧跑到工商局缉私仓库，才发现一同被查的不仅有我们的牛绢裤，还有其他人运送的拉链、玩具、食品等其他物品。稽查人员正在对各类物品进行再次核查，确保没有冤枉我们。

结果，有部分食品和玩具被当场放行，而我们和另外几个义乌商人进的裤子以及一部分服装还是被认定为境外商品。我们据理力争，但显然没用，最后一纸《罚没行政处罚通知》宣告我们的解释无效。

对于没收的结果，我们无论如何都无法接受，焦虑、愤恨、无奈的情绪压得我们喘不过气来。我夫人听说后急得团团转，在家里睡不着，也从义乌一路赶来。我们每个人的心情难以平复，要想尽一切办法把裤子要回来。

其实我们也没有其他办法，只能一堆人站在工商局大厅，一个个轮流跟工作人员说好话，希望能感动他们。最后他们看我们实在可怜，终于口气有些缓和，让我们去南澳县开具两种证明：一种是南澳县工商局的工商证明，说明我们进的服装是南澳县服装厂商生产的；另外一种是服装厂的生产证明，并且要工商局签字盖章。

山穷水尽之后，我们总算是看到一线转机。

我们商议之后，决定安排两个人去南澳。大家觉得我头脑灵活，能说会道，就一致推荐我和另外一个伙伴过去。

我们一路马不停蹄赶到了南澳。那边的服装老板们一听我们的情况，也非常配合，都愿意给我们开证明。我们一家家工厂跑，在哪家收购了多少条，一共花了多少钱，所有证明都开得尽量详细。服装厂的证明拿到之后，我们又去南澳县工商局。他们也非常热情，很快就给我们开具了相关证明，对服装厂的证明查验后也都签字盖好了章。

等我们把这些证明全部准备好再赶回检查站时，已经过了五六天时间。工作人员看到证明还是不放心，说虽然证明了我们这批服装是在南澳生产的，但并没有证明布料不是境外来的。

这个说法让我们有点不知所措。作为商贩，我们进货时只会看服装，自然不会查服装厂的面料是从哪里来的。我们据理力争，但工作人员给的答复是必须给出面料证明。没有办法，我们又派了两个人跑去南澳开面料的证明。

两个人急急忙忙奔赴南澳，两天之后，他们打电话回来，说服装厂的老板不肯证明这个布料不是境外的。大家都是明白人，布料肯定是境外的。

这下我们彻底绝望了，知道把这一车裤子拿回来的机会已经接近于零。

即便是这样，我们还是不肯离开，等待绝处逢生。

因为我们所有的钱都压在这车裤子上了，已经没钱住旅馆，就借住在检查站隔壁一个村庄的渔民家里。没钱付房费和伙食费，我们就帮他们干农活，那时做得最多的事情就是帮他们到海边抓鱼、捉螃蟹、捡贝壳。住在渔民家前前后后差不多20天的时间，我们每天不断往检查站跑，跟一波又一波的工作人员磨，搞得检查站的工作人员都认识我们了。

人有逆天之时，天无绝人之路。

皇天不负苦心人，被我们纠缠久了，检查站专门开了一次会，告知我们减轻处罚：60%的裤子我们可以拿走，剩下罚没的裤子，我们可以花钱购买。对于我个人来说，花了6000多元进的裤子，又得再花将近2400元买回来，这叫什么事啊！但不买不行，否则会亏得更多。无奈之下，我只得跑到亲戚们家里借钱把裤子买了回来。

潮流来得快，去得也快。

等我们费尽千辛万苦把这车裤子运回义乌，时间已经过了一个多月，这种裤子开始滞销，价格大降。当时7元钱一条采购过来的裤子，出货的平均价格只能到9元钱了，后来甚至原价都很难卖掉。这趟生意，算上来回的运费，真的是血本无归啊！

满怀激情的希望，就这样被粉碎了。我对前途又处于极度的悲观中，创业方向再次进入到一个十字路口。

待在渔民家里那段时间，我跟着渔民学会烧制了许多海鲜菜，其中"销魂豆腐梭子蟹"还上了中央电视台的《味道》栏目，节目里我不仅给观众介绍了烧制"销魂豆腐梭子蟹"的做法，同时还献上了我烧制的义乌红糖鸡。

我在中央电视台的《味道》栏目做"销魂豆腐梭子蟹"

当时我跟着渔民去抓梭子蟹，抓来之后就在他家里做。有时候抓两三只，少的时候就一只。因为蟹肉太少了，为了让更多人能够吃到，我们会加一些豆腐，增添菜量。这也算是那段时间苦中作乐的一种回味，故而我将其称为"销魂豆腐梭子蟹"。

这道菜我学回来之后，经常在义乌做给大家吃。我粗算了一下，亲朋好友一起算上可能有上千人吃过我做的这道拿手菜。

篁园路的机会

最长的路也有尽头，最黑暗的夜晚也会迎接清晨。

1992年2月13日，义乌第四代小商品市场——篁园市场开始试营业。篁园市场是义乌第一个大型室内市场，一期约7000个摊位，二期建设完约23000个摊位。这年2月28日，国家工商总局举行全国十大市场新闻发布会，宣布1991年义乌小商品市场年成交额10.25亿元，排名全国十大市场榜首。因为这样的影响力，同年8月3日，经国家工商总局批准，义乌小商品市场正式更名为"中国小商品城"。到了1994年，该市场的成交额更是突破了100亿元。

篁园市场的建设跟前三代市场的建设不一样，采取的是集资建市场的办法。需要购买摊位的人在市场建成之前就先交钱，然后通过统一抽签、公证进行摊位分配。这个集资的资格并不是谁都有的，市场的政策是：只要在第三代市场有摊位，或市场以外的专业街上有店面，就可以获得资格。

我那时在外面有个服装摊位，于是很幸运地获得了这个资格。虽然有了资格，但等到要交钱时才发现，把家里翻了个底朝

1992 年建成开业的义乌第四代小商品市场

天都凑不齐集资需要的 2000 元钱。不仅是凑不齐，而且缺口还很大。

正在我着急的时候，夫人望了一眼我的二手本田摩托，开玩笑说："把你这个'儿子'卖掉换钱如何？"说实话，我真是把这辆摩托当作"儿子"一样珍惜。我白了一眼夫人，坚定地说："不行，卖房子都不能卖摩托！"但过了两日，眼看交集资款的期限就到了，如果再不交款，资格就会自动取消。我一下狠心，决定把摩托车降价卖给别人。我拿着卖摩托的钱，一部分交了集资费，另外一部分买了一辆廉价的三轮车，方便以后在市场来回送货。

第四代市场与第三代市场还有一个明显的区别，就是该市场内已经对摊位进行了区域划分，明确不同的商品排在不同的区域。市场管理部门将室内市场分成 8 个交易区，经营商品分为 16

个门类。把相同的商品进行集中分区售卖，这样顾客就极容易货比三家，体验比以前更好。

尽管对区域进行了划分，但是区域或者说摊位经营的商品品类，不能自己挑选，只能抽签随机分配。我原来是做服装，按理分到服装的摊位是最对口的，但市场并不"按理"，抽到什么就得做什么。

尽管政策看起来不合理，但是想要摊位的人还是如过江之鲫，比肩接踵。

大家如此看重这个新开的市场，是因为这个市场算是当时中国规模最大的市场，客流量预计会很大。市场一共有5层，为提升上下楼的效率，还装了电梯。市场管理部门还给市场装了空调设备，这在当时来讲是不得了的事情。第四代市场对义乌来说具有历史性意义，完成了从室外市场向室内市场的转变。

1992年5月1日，篁园市场正式营业，我抽到的是小百货摊位。对于这个结果，我并没有太沮丧。服装摊位如果能抽到，的确是顺理成章，但这个生意我之前没有做好，不仅没挣到钱，反而因南澳之行亏了个底朝天。而且，对做小百货生意，我还是有点经验的。我在长春黑水路期间就杂七杂八经营了一大堆东西，像脸盆、水桶、脚盆、厨房用品、小家居用品等，其实就是小百货。以前在"鸡毛换糖"后期，货郎担里也是各式各样的小百货。因此，我对经营小百货并不陌生，算是重操旧业。

在篁园路这种大规模的专业化小商品交易市场，同行们都聚集在一起做买卖，没有一定的核心竞争力是不行的。这次尽管是经营小百货，但我的经营思路与之前有了很大的不同，考虑问题更加全面和精细了。

　　为了让小百货的价格和品种都具有竞争优势，我开始频繁做市场调研。比如我要在摊位上摆皮带，就会去卖皮带的专业街店面观察，调研清楚哪些皮带会受顾客欢迎，哪里的进货渠道价格更优，质量更好。

　　散布在篁园市场外的义乌商业街本来就很有规模，随着篁园市场的开业，不但没有衰落，反而规模进一步加强。其中一个重要的原因是，篁园市场内摊位有限，一些外地商贩拿不到摊位资格，只好在市场外附近的沿街租店面，把各种工厂的产品放在店面批发。像当时的保联东街、桂林街、漓江街等就汇聚了从广东、福建等外地来的许多商贩。

　　因为这样的原因，义乌城里的老百姓越来越富裕。只要他们有套房子就可以租出去，一楼做店面自然是租金不菲，二楼三楼还可以继续租给外地人住宿或者堆放货物。当时义乌城区建的房子也特别多，一栋栋像雨后春笋一样冒出来。这些房子都是农民房，挂牌基本上马上就可以出租出去。一条条的专业商业街越建越多，比如皮带专业街、服装专业街、食品专业街、文具专业街、日用百货专业街等。义乌除了篁园路这样大规模集中的室内市场，室外沿街的各种商品专业街的总规模更大，是室内市场的很多倍。

　　义乌的摊位不仅义乌人想要，全国各地的商贩都希望在义乌得到一个摊位。很多没有集资资格的商贩都在竭尽所能地争取摊位，本来2000元钱拿到的摊位可以被炒到一两万。那时义乌作为一个县级城市，已经修建了机场，乘客中有三分之二是来自全国各地的经商人员。

　　为了更大范围地吸引外地商贩到义乌经商，篁园市场专门出台了保护外地商贩的政策。我印象中最深刻的一点，如果本地商贩跟外地来的商贩打架，无论本地商贩有没有道理，都要首先受到处罚。

　　新摊位经营一段时间后，我和夫人发现塑料制品是最受大家欢迎的。于是我们开始缩小售卖范围，把目光主要集中在塑料小商品上。

　　为了拿到更好的塑料小商品，我和夫人几乎把义乌各类销售塑料制品的店面调查了个遍，然后判断到底哪个产品会更好卖。根据我们的调研，塑料肥皂盒、糖果盒很好卖。特别是到了年底，糖果盒就更好卖，尤其是那些带自动功能或带音乐功能的糖果盒。

　　除了塑料制品，我经营的小百货很大一部分都是从广东、福建运过来的一次性产品，比如一次性杯子、一次性筷子、一次性棉签等。来自这些地方的商贩会在义乌街边开专业的门店，我就去他们那里寻找适合的商品，拿一些样品摆到我的摊位上。尽管样品数量少，但一旦有客人要的量大，我就能快速找到供货商贩拿货。

　　专业门店的商贩也支持我们拿样品代销，因为他们在场内没有摊位，缺乏展示机会，而我们的摊位就相当于给他们的商品提供了一个流量平台。很多商贩不仅愿意让我们摆样品，甚至还让我们先拿货，等卖出去了再付款。

　　摊位上的小商品来自几十个不同的厂家，都是我和夫人精挑细选而来的。等客户来询问时，我就告诉他们这个商品来自福州，那个商品来自广州，让他产生我这里的品类很丰富，来源很广的感觉。

那时义乌篁园市场的客流量比现在大多了，用熙熙攘攘、人声鼎沸来形容一点都不为过。我们夫妻两个在摊位上牢牢盯着客人，只要有人来我们摊位停留，就会想尽办法把生意做成。

在篁园市场的生意开局并不令人欣喜，前半个月我们连开张都没有。但我有心理准备，也有经验，当年在长春黑水路时我们也是前一个月没有生意。

半个多月之后，我们在篁园市场终于迎来了第一单：50个塑料小碗。

对方给我的价格是一毛钱一个，而我的进价也是一毛钱一个。尽管不挣钱，我还是很爽快地卖给了他。我当时开心的样子，以致顾客觉得我挣了很大一笔。夫人对此不解，觉得一毛钱一个拿，一毛钱一个卖，等于白折腾一趟，踩三轮车的力气都白费了。我劝她说，开张的生意很重要。虽然这笔生意这次不挣钱，但他有可能记住我们了，下次会再到我们的摊位来。

果然这次生意做成后，我们的生意就慢慢好起来了。三个月过去，我们就挣到了几千元。因为我没有库存成本，样品也不需要提前付费，所以利润是相当可观的。

我们就这样做着在摊位上给厂家代销的生意，越来越多的厂家也愿意把他们的样品摆在我的摊位上。

结缘吸管

我真正步入从商正轨，应该是1992年进入篁园市场开始的，之前在第三代市场的服装生意不过是热身。但是不能说在第三代市场的经历对我没有意义，至少这一年我租了摊位卖服装。虽然没挣到钱，但我由此进入了正规的市场体系。如果当时不进去，篁园路这个蛋糕我是分不到的。

1992年，对中国的创业者来说也是个特殊的年份。受当年邓小平同志南方谈话的影响，大批在政府机构、科研院所工作的机关干部和知识分子纷纷主动下海创业，涌现出很多全国知名度很高的企业家。由此在中国企业家中有一个专门的分支，叫"九二派"。原《中国新闻周刊》副主编陈晓守曾专门写过一本书记录这个群体，书名就叫《九二派》。

我也是在这两年开始真正转变、快速成长的。

在篁园市场，我和夫人以代销的方式经营上百种塑料制品，其中有一个商品做到了市场最好——吸管。

当时来自广东、福建的工厂老板都喜欢把他们的吸管拿到我这里代销，卖出去的利润我只留10%~15%。

我用小半年的时间把吸管卖到了全市场第一。到了1992年下半年生意稳定下来后，一个月能挣一万元甚至几万元是常态。在全国"万元户"都极少的年代，这样的收入算得上是凤毛麟角了。

我能有这么高的收入，得益于政府对市场的管控少，政策上支持多。为了扶持个体户发展，义乌市政府出台了各种各样的优惠政策，尤其是办厂开店前几年税收基本上减免。即使后来我创办工厂已经有一段时间，政府要收缴的费用也极少。政府的思路就是让老百姓先发展起来，这也是当时历史环境下的一种博大胸怀；而政府则勒紧腰带过日子，藏富于民，使民间经济充满活力。

当年，邓小平同志南方谈话阐发的一系列全新的思想，犹如一股强劲的东风，驱散了人们思想上的迷雾，全国各地的生意人开始频繁流动。那时跟我们一起做生意做得很出色的一批人，除了来自周边省市，还有很多来自陕西、山西、吉林等遥远省份。这些人中有相当多曾是国营商场的售货员或者负责人，有很丰富的经营经验。但计划经济时代，用计划的方式让他们卖指定的商品，他们没有自主性，也就没有积极性。南方谈话给他们这些人以极大鼓舞，很多人毅然下海经商，有的人就选择了义乌。

今天再看南方谈话，对整个中国的改革开放进程都是有重大意义的。虽然当时全国各地都在改革开放，但由于没有前车之鉴，改革的过程中阻力重重。很多地方还有着很严格的限制，不敢大胆突破。在这种情况下，邓小平发表了影响一代人的南方谈话，使得政府的工作思路有了大幅改变，给中国经济腾飞打下了坚实基础。之后，中国与世界快速接轨。

正如邓小平同志当年在南方谈话中说的，改革开放胆子要大一些，敢于试验。我后来正式创业，结缘吸管，其实也是试验的结果。

一开始我经营日用百货，品类繁杂，不知道哪个产品会成功。我想一步步地试验，总有一个机会被碰上。

我真正在吸管上有所起色，要感激一个人的帮助。这个人就是现在森宇实业的董事长俞巧仙，她是我们义乌屈指可数的杰出女企业家。

在正式瞄准吸管之前，我其实看好的是一次性商品的销售。一次性商品虽然其貌不扬，单价也很便宜，但需求量大，整体利润率其实很高。越便宜的东西，客户往往对价格就不敏感，有时候把进价翻一番销售，销量都很不错。所以我就花很多精力，在义乌翻箱倒柜寻找一次性产品的货源。

就是我在农贸城寻找货源时，认识了俞巧仙。

俞巧仙最早在义乌第二代小商品市场的门口有半个门店，到了第三代市场，原来的第二代市场就改造成了农贸城，她仍然留在那里。俞巧仙从事的是保健品贸易。那个年代保健品已经兴起，义乌农村墙上都是各种各样的保健品广告。

有一次我路过俞巧仙的门店，发现她的店里也有吸管，但放在那里并不卖。我好奇地问她的吸管多少钱一包，我想全部拿走。她看我很有诚意，就说她的店面只卖保健品，不卖吸管。我不明白为什么卖保健品要把吸管带过来，带过来还不卖？

俞巧仙跟我解释说，她的保健品是从广东进的货，因为保健品很重，整个货车如果全部装满保健品的话，车子就拉不动。所以每次进货时，只能将车的下部装保健品，上部还有大量的空间。从广东运送一次保健品不容易，她就想着上部用轻点的货物填满，这样可以最大程度利用空间。于是，轻薄的吸管等塑料制品就成为她填满货车上部空间的首选。俞巧仙每次把吸管从广东拉过来，只是为了分摊货车运费，并不靠这个挣钱。

　　听她这么说，我赶紧跟她商量，以后带回来的这些吸管能不能优先给我供货。我告诉她，我是专业卖吸管的，客户很多，给的价格也会相对高一些。她一听，二话不说当场就拿了几百包吸管给我，让我试试看。她本以为这些吸管我可能要卖很多天才会卖完，结果第二天我跟她说已经全部卖掉了。

　　俞巧仙有点不相信，按照她的理解，一般只有卖饮料的才需要吸管，而她周边卖饮料的零售店的需求并不大。我跟她解释说，我卖吸管不仅是卖给义乌当地人，外地的商贩知道我卖吸管，也都从我这里进货，自然就卖得快。

　　俞巧仙听我一解释，觉得在理。本来她的货车上部空间除了装吸管，还有其他一些塑料制品。和我达成合作之意后，她再去广东进货时，货车上部空间就只放吸管了。每次吸管一到，她也不告知其他人，直接让我去拉货。

　　就这样，我的吸管越来越多，销量也越来越大。不久之后，除了与义乌本地商人的合作，宁波、台州的吸管工厂都找到我这里，也想把样品放到我的摊位上代销。

　　1993年年底，吸管再加上其他一次性商品销售，算下来我一年差不多挣了20万元。

试水国际贸易

　　如果你近些年到过义乌，会发现这里的国际化程度特别高。

　　最典型的一个标志，就是义乌的高铁站有一条专门方便国外客户出入的通道，这是我在国内其他城市的高铁站都没看到过的。在义乌街上有一些餐馆，大部分顾客都是外国人。义乌的外国人社区中，十家餐馆里面可能有八家是外国餐厅：中东社区是清真餐馆，韩国社区是韩国料理，日本人社区是日本料理，其国际化程度堪比上海、深圳。

外国人多，义乌这个城市对他们也特别包容。你不仅在小区里能遇到外国人，在医院能遇到，甚至你进入市政协和市人大都能遇到。比如在2019年4月17日，义乌市人大常委会稠城街道工委在人大代表联络站举行了一场特殊而隆重的聘任仪式，在义乌经商的土耳其商人奥兹坎、巴基斯坦商人阿酷等5位外籍人士经街道人大工委聘任，正式成为稠城街道人大议政代表会特邀代表。

外国人成为义乌的一部分。我认为义乌市场经济发展到今天这个程度，源源不断的外国人是做出了巨大贡献的。

在篁园市场差不多做了两年，我的摊位就成为市场里日用百货类别的翘楚，在700多个同类摊位中销售额排名第一，这比我之前做的各种生意都强太多了。因此有人开始称呼我为"楼销售"。

更令我开心的是，我居然做成了我的经商史上第一桩外贸生意。

由于我的吸管生意越做越大，在市场中成为一张专业名片，很多客户如果需要吸管首先就会想到我。那年春节前不久的一天，宁波一家外贸公司的两个采购员到了我的摊位。他们看了我摊位上各式各样的吸管，询问了价格，直接说要4个集装箱的吸管，让我把货物准备好，年后他们就过来拉货。

　　我一听就吓傻了，因为之前我从未接过如此大的出货量。我当时考虑最多的问题是：如果我把货都准备好了，年后他们不要怎么办？尽管对方看起来态度诚恳，不像是骗子，但我还是非常谨慎。跟他们再三确认后，我提出要先支付20%的定金，没想到对方也很爽快地答应了。

　　拿到对方支付的一大笔定金，我兴奋了几天，随即就开始了紧张备货。因为我积累的上游客户资源多，4个集装箱的吸管很快就落实下来。等厂家陆陆续续把吸管运过来，我才发现家里根本没那么大的地方存储，不得不在村里靠公路的地方租了别人家3间大房子。

　　这一下，我在村里出了名，大家都在谈论我在跟外国人做大生意，走在路上到处都是跟我打招呼的。然而他们并不知道，整个春节我心里七上八下，压根儿没心情过节，总是担心年后他们不来取货。

　　这种担心后来证明是多余的。宁波外贸公司的人如约而至，陆陆续续把4个集装箱的吸管拉走，余款也同步全部结算清了。

　　我如释重负，吊着的心终于放了下来。

　　第一次的出口业务对我而言，意义绝不仅仅是一次交易，更多是在我心里种下了一棵进军全球的种子。这次巨量的交易也让我意识到，走出国门，面向全球市场会有更广阔的天地。

　　后来对外业务渐渐多起来，经常会有国外客户到摊位上来咨询。但他们一般不会直接采购，而是由外贸公司的中方人员陪同；他们看好产品后，由外贸公司的中方人员谈价格。

　　等我自己办厂后，来厂里直接采购的外国人更多了，尤其是在 2001 年我国加入 WTO 后，外国人来义乌谈生意的人数大幅度增多。义乌政府和人民也是竭尽所能为他们创造便利条件，鼓励他们参与义乌的经济发展。

义乌贸易国际化的过程，是由浅入深的过程。20 世纪 90 年代，外国人在义乌生活不方便，服务配套条件也不高。但作为一个全球小商品货源地，义乌在全球市场也如在本土市场一样，有着巨大的吸引力，大量的外国人克服各种困难来到义乌。一开始吸引的主要是亚非拉国家的商人，后来义乌商品质量做得越来越好，品种越来越丰富，越来越多的日本、韩国、美国以及欧洲的商人开始来到义乌。我记得在 1995 年有则轰动性新闻——韩国客商金载一在篁园市场获得一个工艺品摊位，成为入驻小商品城的首位外商。

到现在，我们村很多房子都是租给外国人的。这些外国人长期在义乌市场采购，为了节省开支他们不会长期住酒店，而是像其他内地客商一样在市场附近租民房，自己买烤炉、灶具、冰箱、洗衣机，像我们一样生活。

跟外国商人的接触，也影响了我的经营理念和工厂管理模式。因为他们的要求甚至批评，让我知耻而后勇，谦卑地走进日本、德国、美国的工厂，学习他们先进的精细化管理，不断进行"双童"的改造升级。2023 年我启动了带领学员到日本工厂现场学习的游学，一趟下来，大家都很受益。

不夸张地说，"双童"的发展和升级在某种程度上就是在外国客户的严格要求下逼出来的，是一次次满足全球客户需求的结果。我把业务扩展到全球之后，大量的时间都在跟外国人打交道。虽然我不懂外语，但是一直有十分开放的心态。既然要做全球的生意，就要认可对方的规则、文化，学习别人的先进理念，否则故步自封，即使暂时领先了，最终还是会落后时代而不自知。

同质化危机

随着我在义乌吸管贸易中的影响力越来越大，不可避免地出现了一个很棘手的问题：其他商户看到我卖什么，也跟着卖什么，由此造成的行业内同质化竞争达到了前所未有的程度。

不仅是篁园市场，一些其他街道的商贩也开始加入吸管销售的竞争，大家卖的商品相似度极高。同行们在跳不出同质化圈子的情况下，只能打价格战，拼得死去活来。

一些客户可能因为我声名在外，会先来我这里询价，之后会马上到别的商贩那里询价。别的商贩也有类似的商品，只要他们一心想要做成这笔生意，很可能就会跟我拼价格。我的报价如果是成本加价10%，那他们就直接降到成本加价5%。客户自然希望价格越低越好，往往是比价几家后还不拿货，这时有的商贩忍不住，就毫无底线地将加价降到2%甚至1%以获得成交。

从小挑货郎担的经历，给我树立起来的竞争理念就是：不和其他人正面竞争，尤其不和人强硬竞争。我更喜欢错位竞争，我常说的一句话是"打不过就跑"。

就像我刚到篁园市场时，尽管拿到的是百货摊位，但我并没有真做"百货"，而是避开"什么都做，什么顾客都要"的思维，选择了只做一次性产品。我在这个领域寻找最优的货源，积累该领域的上下游资源，直接到工厂拿他们的产品，减少渠道成本。

通过这种方式，我慢慢把一次性产品做出了自己的优势。我做这些事情的逻辑，就是要占领一个品类的制高点，进而形成自己的影响力和识别度，形成自己的核心竞争力，这样其他人就很难跟上，实现"一步领先，步步领先"。

早年摆摊是如此，现在做企业也是如此。当我们专注于一个品类的时候，一定要在这个领域集聚更强的竞争力，获得更多顾客的认可，从而获得更大的体量和市场占有率。

但要做到这一点，最大的难度不在于找到最好的商品，也不一定是要遇到好的时机，而是需要克服人贪婪的本性，不能什么都想要，要学会适当放弃。古训说，不舍不得，小舍小得，大舍大得。做生意是这样，人生更是这样。

随着时间的推移，专注一个品类不仅让我获得了下游顾客的认可，同时也累积了上游货源的优势。我从厂家直接拿货，货源充足。别的摊位上想拿到50箱货都很困难，而到我这里别说50箱，500箱都足够。因此我积累了一些固定的大客户，他们往往一来就几百箱，甚至整车整车从我这里买。规模上去了，价格自然有了灵活的空间。

尽管如此，我知道生意已经潜藏着巨大的危机。如果解决不好，我的经营就没有可持续性了。孔子在《周易·系辞下传》中说的"君子安而不忘危，存而不忘亡"，正是如此。

对于上游货源厂家而言，他们如果仅仅靠着我一家去拓展市场，风险也是很大的。因此，他们也会扶持其他的商贩，时不时提供一些产品去笼络他们。在篁园市场的日用百货区，我周边的一小半摊位或多或少涉足吸管代销业务。对于厂商而言，他们并不会顾及我们之间的相互竞争，反而乐见越来越多的摊位加入竞争，这样从他们那里进货的人就会越来越多。其他摊位的摊主除了在价格上跟我直面竞争，还会时不时地直接到我的摊位前来盯客户。一旦客户离开我的摊位，他们就把客户拉到一边游说。这种做生意的方式明显违反商业规则，但那时很常见。

　　无法掌控上游的潜在危机，让我时刻处在一种不安的状态中，我急需寻找一种独特的方式以促使我的经营走向可持续发展。

　　一个大胆的想法闪进我的脑海：我自己能不能成为货源？

　　如果一直依靠从其他地方进货，挣的永远只是差价。只有自己生产，有自己的生产基地，才能掌握货源，化被动为主动。如果不实现这个转变，我所建立起来的竞争优势很容易在短时间内消失。

　　比如，尽管我当时直接从工厂进货的渠道很好，但我毕竟不是独家代理。如果换一个商贩去找工厂，就算这些工厂老板都很信任我，也不一定只把货给我一家。

　　你永远都无法借别人的翅膀，飞上自己的天空。我知道，自己的路还是要自己去走，即使那条路充满曲折。人生中只有曲线前进的快乐，没有直线上升的成功。

　　而在此刻，义乌市政府也看到之前"兴商建市"发展战略的时代局限性。

"兴商建市"在于通过商品贸易来发展经济，并不强调生产，对民间生产工业的支持力度也非常有限。尽管在早些年，义乌创办了不少乡镇企业，但多是集体制，企业一般由乡政府、镇政府主导，乡长、镇长是法人代表，他们中懂经营的人不多，且经营体制不灵活，导致不少企业经营不善，甚至负债累累。而且这些企业的整体规模并不大，比如做衬衫服装的企业主要集中在大陈、苏溪，做塑料玩具的主要集中在廿三里如甫，做针织袜业的在义亭杭畴。

从另外一个角度看，义乌人办厂的积极性远远没有被激发出来，原因是他们认为做贸易本钱小、赚钱快、易管理。很多政府干部也认为，只要把贸易市场办好，义乌经济就会发展得很好。

看到义乌经济发展的局限之处，在调研的基础上，义乌市委一班人进行了激烈的讨论。最后，大家一致认为，义乌的商贸业要继续发展，但也要补齐工业制造的短板。如果这块板子不补齐，那么未来义乌的贸易市场将缺乏长远的地方支撑，义乌的经济发展就会后劲乏力。从政府角度而言，还要考虑扩大就业，增加政府财政收入的问题。比如财政收入问题，根据《浙江文史资料选辑》显示，1990 年义乌财政收入仅为 1.07 亿元，在金华排在兰溪、东阳之后。政府财政收入不高，很多必要的投入就会减少，一定程度上影响政府职能的有效发挥。

讨论的结果是市委形成了"两手都要抓"的共识：一手抓市场商贸业的持续繁荣发展；一手抓发展工业经济，夯实制造业。

义乌发展工业经济当时已经具备了得天独厚的条件：一是社会资金比较充分，那时义乌几万个像我这样的经商户通过多年经营，已经初步完成了资本的原始积累；二是有经营基础，义乌的经商大军经过多年的商海锤炼，形成了一支有市场意识、有经营意识的人才队伍支撑；三是有市场渠道基础，第四代篁园市场及其周边的诸多专业商业街道，为义乌的制造业提供了丰富的销售渠道和市场信息。

于是，1993年在义乌市第九次党代会上，政府提出了"以商引工，以商促工，大力发展工业经济"的发展思路。后来又进一步形成"以商促工、工商联动"的工作战略，由此确立了20世纪90年代义乌经济发展的重点。

为引导本地市场经商户将积累的资金投向工业领域，市委、市政府还专门出台了推进"以商促工"的政策意见。对我这种想转型办实业的人而言，很多政策意见的吸引力是相当大的。比如政策明确规定，凡市场经营户创办工业企业的，其税收实行源泉控制的征税办法，产销一道税，鼓励经商者走"前店后厂"之路；工业区的土地出让收益，除上级规定必须上缴的部分，其余全部留给工业区，用于加强工业区基础设施建设；对处于起步阶段的小型个体私营企业，采取定额征税的方法；为鼓励相对后发地区发展工业，对新办企业给予试产期优惠、对老企业扩大再生产实行一定额度的税减免，既鼓励投资者兴办工业企业，又鼓励老企业扩大规模、增加投入。

在系列优惠政策的号召下，义乌工业在这一时期出现了前所未有的蓬勃发展势头。于我而言，这些政策犹如一盏启明灯，打通了我迷惑许久的思路。面对日用百货行业的同质化竞争，我知道依靠我积累的竞争力，做到衣食无忧问题不大，但我的志向远不止于此。我要开创的是真正的事业，最好是由此推动一个行业的发展。

于是，我做了一个重要决定：办自己的吸管工厂，由纯贸易转向产销一体化。

开启"吸管传奇"

1993年年底的一天，有一位吸管生产企业的年轻老板找到我："楼老板，我想把工厂的吸管生产设备转让出去，您能不能帮忙问问是否有人需要？"

我连忙问："您为什么不做了？"

他笑笑告诉我："生产吸管的利润太低，我计划跟姐夫去做假发，那个利润要高很多。"

很多年轻人就是这样，看到什么挣钱就去做什么。我早期也这样，吃了不少苦头。

年轻老板想出售机器放弃生产，而我想要机器从事生产，各有所需，两人一拍即合。

设备是两台半自动的小机器，是年轻老板一年前从广东买来的台湾产设备，在行业中算是比较先进的。

经过一番讨价还价，年轻老板最终答应将两台进价16万元的设备，作价5万卖给我，他原来工厂的一个技术人员和两个工人都可以跟过来。机器有，技术人员有，连熟练工人也有，我立马拍板成交。

　　我把机器连同原来工厂没有用完的材料、小型的封口机等，能拉回来的都一口气拉了回来。

　　我住的房子是旧的木制房，加上后来扩建的区域，一共也就60多平方米，要办厂空间显然不够；而且办厂要用高压电，在木制房子里很危险；再加上吸管属于卫生用品，对环境的要求比一般产品要高。无奈，我只好在村里租了两层各两间的房子作为厂房。

　　空间分配很简单，一层的两间，一间摆设备做生产，一间存储原材料和成品；二层的两间，一间我们一家人住，一间员工住。

　　大概过了三个多月，生产所需的材料都准备好了。1994年春节后，我找来工厂师傅把租的房子按照生产标准装修，准备开工。

　　开工之前，工厂需要起个名字。取什么名字好呢？

　　刚开始我的想法是，工厂的名字一定要大，有气势，最好让人觉得这个工厂是义乌的大厂，甚至有点政府背书的感觉。基于这个思路，有人建议我可以直接叫"义乌塑胶吸管厂"。很显然，这个名字没法注册。我就自己去查资料，主要是去查义乌的别称，后来了解到《金华府志》中有一段话："武德四年，割乌伤一县立稠州。六年，分置乌孝、华川二县。七年，州废，复合华川、乌孝为一县，易名义乌。"由此可以看出，在唐朝武德四年时，义乌很大的一块区域被称为"稠州"，算是义乌的别称，而且这个别称在义乌还有很广的流传度。于是，我果断把工厂名字注册为"义乌市稠州塑胶吸管厂"，并用这个名字申请了营业执照。

"双童"第一代厂房

1994年4月5日，是我人生中难以忘怀的日子，我们的工厂在没有鲜花、没有仪式，也没有人祝贺的情况下，开工了！后来这一天被定为"双童"的厂庆日。

说是吸管厂，其实一开始就是家庭小作坊。原来买设备时提到的两个熟练工人考虑到成本，没有要他们过来。所以工厂员工除了技术员，就是我们夫妻再加上父亲三个人，我夫人主要在小商品市场摆摊，偶尔过来帮一下忙。

创业初期是辛苦的，一方面要拼命砍成本，能自己做的尽量不招人；另一方面要快速掌握技术要领，争取在尽可能短的时间内把产品做到高标准。经过努力，开工半个月，我就把技术要领完全掌握了。随着生产量的增加，光靠我和父亲人手已经不够了，于是我就招聘了两名女员工。

当时生产的吸管就两种，一种叫直吸管，一种叫弯吸管。

直吸管很简单，从机器出来后切割成规定的长度就行了，当时是用人工刀切。我正好在少年时跟着二哥学过铁匠活，最擅长的就是磨刀，知道刀应该怎么磨切出来的口才平整。因此我们工厂切出来的吸管口，比其他工厂切出来的都要平整。

弯吸管工艺要复杂一些，先切成直吸管后还需要有一台小机器把中间一段搅成咬痕，再通过人工将一根筷子插进去收紧，让弯头成形。刚刚开始做的时候，我和两个女员工的手都打满了泡，但一天下来也只能生产几千根，跟现在"双童"的产能不可同日而语。因为手工的比重高，那个时候的吸管比现在贵得多。当时一根吸管至少要卖1.5分到2分钱，一包吸管200根卖到3元钱就能有利润了。

依托当时义乌市场的"前店后厂"模式，我们把生产出来的吸管用三轮车拉到小商品摊位上销售，利用之前积累的客户资源优势，开启了"吸管传奇"的第一步。

这段时间，我也在同步修建自己的厂房。两年后，我把原来的小作坊搬迁到自建的三间五层的楼房。我们厂逐渐以自主品牌和创新设计在市场上崭露头角，与其他代销商户形成鲜明的差异化优势。

随着订单飞速增长，设备也同步增多，我又租用了村里一些民房当生产车间和员工宿舍。短短几年，我们村差不多一半可以出租的房子都被我租用了。厂里的工人成为村里的"荣誉人物"，

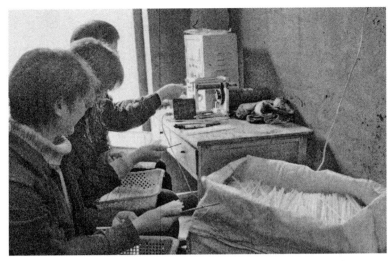

最早在工厂生产吸管的情形

忘记带钱可以到任何一个小卖部赊账。因为大家都知道我们工厂的规模大，员工也有钱。就算工人跑了，老板也不会赖账。

我们制造的吸管，开始主要是为了满足国内批发市场相对低端的需求。1995年之后，我对设备和生产工艺开始改造升级，做出了更好的产品。因为价格优势，吸引了越来越多的境外客户。

特别是到了1997年互联网平台在国内开始运用，电子商务成为一个新的销售渠道。杭州的一家网页信息公司帮我们做了一个简单的静态网页，差不多是纯文字。网页很快吸引了一位美国客户，美国客户的工作就是不停跑到中国来，把各种产品采购到美国去。1997年的8月中旬，他第一次把我们生产的吸管大量采购回美国，开启了我们多年的合作。

1997 年稠州塑胶吸管厂车间一角

1998 年我在稠州塑胶吸管厂的办公室

　　我们工厂外贸订单比例在不断提高的同时，义乌其他工厂的外贸订单发展也很快。可以说是我们一家家企业，一定程度上推动了义乌市场贸易的转变，促使后来只满足国内市场需求的义乌贸易，开始走向世界。

从义乌的视角来看，本土产品销往国外的比例越来越高。到了2001年，中国加入WTO后，义乌的对外贸易更是迈上了一个新台阶。因为外贸比例越来越高，义乌的第五代市场于同年10月动工，并改名为"义乌国际商贸城"，强调了国际化，规划面积达32.4平方千米。

在建国际商贸城时，我们村被划到市场范围中，不仅我原来的工厂，连整个村都拆迁了。我的工厂搬到了现在的地方，打开了一幅新画面。那段时间，我们在技术研发、生产工艺、质量控制这些方面下了大量的功夫，不断创新改进，力求提供品质更高、设计独特的塑料吸管产品。2003年，"双童吸管"成为全球最大的吸管制造商。

央视专题节目《吸管传奇》，记录了"双童"发展的历程

通过自己办厂、加强创新，我不仅扭转了当时日用百货行业中同质化竞争的局面，还翻开了自己商业的新篇章。现在想来，很多事情冥冥之中已有关联，只是当时我没有意识到。

因为俞巧仙顺道运吸管，让我有了吸管货源的优势；又因为上游客户变卖机器，让我走进生产制造中来。如果没有俞巧仙给我的信心，也许我就不会那么专注于吸管；如果没有上游客户卖机器，我也不会短时间内就转行成了吸管制造商。

今天义乌很多大企业都是那一两年从贸易转到生产的。如今大家耳熟能详的浪莎袜业，当初也只是买卖袜子。我记得当时翁氏三兄弟的摊位上、店面里只是代销其他工厂的袜子，到1995年，他们转到生产，逐渐成为全球最大的袜子生产企业。新光饰品的创始人周晓光1978年开始涉足商海，也是跟我一样做小摊贩。最初的时候，她拿着各类小饰品到处销售，最远北到大兴安岭，南到广西、云南、贵州。1995年，周晓光夫妇创办新光饰品公司后，才真正从贸易转到了生产。

正是前前后后一大批企业"以商转工"，才形成了义乌的实体根基，形成了义乌经济可持续发展的基础。如果义乌不发展生产，货源需要从其他地方拿，就容易造成区域性"卡脖子"问题。同时作为全国最大的集贸市场，义乌的商品都需要从外地采购的话，那商品价格就没有绝对优势，性价比必然会低，市场就不可能持续繁荣。

我的记忆中，1994年后义乌家庭作坊式的企业随处可见。根据相关数据，全市新办工业企业仅1996年就1000多家，总投资达4亿多元。整个义乌商品市场也就是在那之后得到了高速发展，商品经济实现了从量变到质变的转变。

1994年对于我和"双童"而言，都是一个重要的年份。

我从1978年到1994年整整17年的时间，做了各种商业尝试，却没有很好地解决事业问题。但正是这一段段的经历、一次次的挑战、一遍遍的磨炼，让我累积了诸多的商业思考和实践经验。

我深深地体会到，即使行动导致错误，也会带来学习与成长。但如果你一直不行动，则只能是停滞与萎缩。

17年的商业尝试，是我人生积淀的营养，也打磨了我的心性。当然，我不希望当年的磨难，让我的第二代、第三代孩子去重复。如果有更好的选择，应该还是少走这些弯路。

我这一代人的转变，一定程度上代表着义乌商业的转变。我经历的这段历程，也反映着中国经济蓬勃发展的历程。我深信，只要勇于创新、突破同质化竞争，每个人都能在这个时代的浪潮中获得成功。

时代的转变在推动着我们，我们也在推动着时代发展。

我接受著名财经媒体人秦朔采访，成为《改变世界：中国杰出企业家管理思想访谈录》的受访嘉宾